新记时代

新闻战线"三项学习教育"
活动领导小组办公室　◎编

优秀选手演讲稿汇编

『好记者讲好故事』活动

人民日报出版社
·北京·

图书在版编目（CIP）数据

记录新时代："好记者讲好故事"活动优秀选手演
讲稿汇编／新闻战线"三项学习教育"活动领导小组办
公室编．-- 北京：人民日报出版社，2023.4

ISBN 978-7-5115-7683-5

Ⅰ．①记… Ⅱ．①全… Ⅲ．①记者－新闻工作－中国
－文集 Ⅳ．① G214.2-53

中国国家版本馆 CIP 数据核字（2023）第 002945 号

书　　名：记录新时代："好记者讲好故事"活动优秀选手演讲稿汇编
　　　　　　JILU XINSHIDAI:"HAOJIZHE JIANG HAOGUSHI" HUODONG YOUXIU XUANSHOU YANJIANGGAO HUIBIAN
作　　者：新闻战线"三项学习教育"活动领导小组办公室　编

出 版 人：刘华新
策 划 人：欧阳辉
责任编辑：寇　诏　刘　悦
封面设计：三鼎甲

出版发行：人民日报出版社
社　　址：北京金台西路 2 号
邮政编码：100733
发行热线：（010）65369527　65369509　65369512　65369846
邮购热线：（010）65369530　65363527
编辑热线：（010）65363105
网　　址：www.peopledailypress.com
经　　销：新华书店
印　　刷：北京盛通印刷股份有限公司
法律顾问：北京科宇律师事务所　010-83622312

开　　本：710mm×1000mm　　1/16
字　　数：213 千字
印　　张：17
版次印次：2023 年 4 月第 1 版　　2023 年 4 月第 1 次印刷
书　　号：ISBN 978-7-5115-7683-5
定　　价：68.00 元

好记者讲好故事：讲好中国人的故事

殷陆君

2022 年 11 月 8 日晚，《好记者讲好故事——2022 年中国记者节特别节目》在中央广播电视总台央视综合频道播出，来自全国各地的好记者讲述的好故事，呈现出一个生动、立体、全面的今日中国，展示了一个个普通人奋进新时代、迈向新征程的故事。

作为时代变迁的感受者、见证者、记录者，这些新闻工作者为观众带来一段段沾泥土、带露珠、冒热气的鲜活故事，让我们感受到一种强大的时代精神力量，这也再次印证：做好记者是新闻基石，讲好故事是时代要求。

长城新媒体集团杨亚红将镜头聚焦于河北马兰村的孩子们，从大山深处到冬奥舞台，马兰孩子们淳朴的歌声，是全面建成小康社会伟大胜利的真诚抒怀；河南日报社董娉，通过四代闺女坐高铁、三代司机开火车的幸福回忆，串联起"米"字形高铁网的建成轨迹，激荡与祖国同行、与时代共进的动人心曲；七年追踪报道，湖北广播电视台郝晋辉讲述了湖北小乡村峒山村村民的生活大变化，致力于实现乡村振兴发展的村民们，靠"虾稻共生"技术走上致富路；新华社眭黎曦在突发事件的一线记录事实，在疫情中"逆行"报道真相，回击恶意的歪曲与抹黑，走到国际舆论战场的一线，展现记者的"铁肩""道义"；解放军新闻传播中心王琢舒走到军事演习的一线、走到边防巡逻队伍中，走到离硝烟最近的战位上去，忠实记录强军路上官兵们的刚健昂扬；新疆克孜勒苏柯尔克孜自治州广播电视台伊帕尔·阿卜力米提走到基层党组织中，深入采访53岁共产党员阿布都加帕尔·猛得的付出与坚守，把基层党员的形象"擦"得更亮；中国石油报社记者徐远震用十年时间行走30万公里路程，走到普通人的生活中去，让中国人在追梦圆梦路上的形象熠熠生辉……

一个个普通人的故事，一帧帧生动的场景，折射出十年来党和国家取得的一系列历史性成就，让我们看到属于这个时代的一个个高光时刻，更看到记者们透过现象、挖掘内涵、提炼本质的强劲功力和思考人生、展现使命、彰显担当的精神风采。

镜头调转到幕后的新视角，让我们看到一条条新闻背后的一个个动人故事，见证无数优秀新闻人一路的成长。人民日报社通过一次次创意十足的互动活动、一个个媒体传播方式的创新，让新媒体报道充满温度；山东广播电视台纪录片《长山列岛》记录了长岛十年换新颜的故事，用生动的实例讲述绿水青山就是金山银山的道理；中央广播电视总台《吾家吾国》节目通过国之大家的人生故事和感悟讲述：家国情怀是中华优秀文明的发展基因，是中华民族伟大复兴的力量源泉。新闻工作者就是要把坚守事业、坚定信仰、坚忍精神传播出去，在观众心中真诚传递。

胸中有党，眼里有光，脚下有泥，心中有梦，是对一名好记者的要求。用笔、用镜头记录，用情、用心报道的记者们，以纪实影像的画面和娓娓道来的讲述，记录下新时代中国人民的奋进历程；以纪实采访的形式挖掘人物故事，为时代画像立传……作为离时代最近、离人民最近、离现场最近的人，他们用新媒体技术将时代主题讲得鲜活。传播人民心声，讲述生动故事，传递深情温暖，让党的二十大精神落地开花，"飞入寻常百姓家"。

《好记者讲好故事》节目深入挖掘观众喜闻乐见的精彩内容，通过紧跟时代性的创新表达，让节目不单单停留在讲述的层面，更引导观众去关注故事背后潜藏着的精神意味。节目表达方式充满了创新与巧思，形式多样的短片用文字与影像记录下新闻工作者的职业理想与思考；现场连线聆听一线群众的心声、讲述普通群众的故事；节目播出前的《记者答·记者问》直播活动让人眼前一亮，优秀记者走到镜头前互相交流碰撞，让记者的声音更洪亮、让记者的形象更鲜活。更令人称道的是创新表达形式，让专题有烟火气，有文艺范，让人在听觉和视觉上既有美味道又有愉悦感，恰到好处地提升节目内容的精彩讲述。内容和形式的巧妙结合，创新与传承的有机融合，让这档社会教育节目充满时代心、青春气、现代味，用内容的吸引力、感染力让寻常故事变得有筋骨、有分量、有温度，让我们感受到主流媒体的初衷诚意，彰显出不一般的文化品位。

党的二十大报告提出，加强全媒体传播体系建设，塑造主流舆论新格局。坚守中华文化立场，讲好中国故事、传播好中国声音，展现可信、可爱、可敬的中国形象。

承百代之流，会当今之变。时代给了最好的舞台，我们更要在时代的舞台上为人民抒写、为人民抒怀，让故事从群众中来、到群众中去，让我们的故事有传得更开更广的生命力和扎根更深更实的温润度。这也是《好记者讲好故事》节目收获好评的成功密钥。

（作者系中国记协国内工作部主任）

目 录

踔厉奋发　勇毅前行

左　潇　人民日报社

引言

　　大家好，我是人民日报社新媒体中心的左潇。

　　我的故事，要从 2017 年讲起。那年八一建军节前夕，一个军装照 H5 在朋友圈刷屏传播。上传自己的照片，生成一张专属军装照，火热的氛围让那个夏天显得格外热血。"军装照" H5 的浏览量超过 10 亿次。为什么我记得这么清楚？因为就在建军节当天，我来到军装照创作团队——人民日报社新媒体中心，成为这里的一名新兵。

　　作为一名人民日报小编，每天通过新媒体平台和网友们见面，分享他们的喜怒哀乐。共情之余，我也常常思考：全媒体时代，如何让我的报道更打动人心？

2018 年深秋，一栋"红房子"空降北京三里屯，在时尚的街区，展开了一场奇妙之旅。这就是我参与策划的新媒体创意报道——快闪店"时光博物馆"。

"红房子"浓缩了时光，高度还原的物件、场景，加上年代感十足的体验，让人们再次穿越改革开放 40 年的岁月。

在这里，大家回味重温：有艰辛、有努力的过往；

在这里，我们畅想憧憬：有奋斗、有梦想的未来。

"红房子"有多火？无数观众在北京的寒风中排队超过 4 个小时才能进去，进去的人久久不愿离去。

2019 年，"红房子"的故事继续。为了让更多人参与，我们给时光博物馆装上轮子，变身大篷车，在祖国 6 个省（区、市）巡展，20000 千米的行程风雨无阻，一路欢笑一路歌，我们和无数人共同走在新中国成立 70 周年的大路上。

2021 年，"红房子"又来了！为了庆祝建党百年，"复兴大道 100 号"体验馆增加了音乐党史课、云互动等环节。在党旗前重温入党誓词，成为许多参观者庄严的记忆。

"红房子"的故事是新媒体传播的全新尝试，火爆的背后，有我们的创意和努力。更重要的是，它的背景是亿万中国人共同创造的传奇。我们每个人，都是这个传奇的参与者。大家的记忆拼接在一起，就是一个奋进中国的缩影。

在上海，一天闭馆后，5 位中年人来到门口，得知来晚了，大呼遗憾！

原来他们是高中同学，很多年没聚齐过，趁一位同学来上海，特地选择这里作为聚会地点。听完解释，我为他们重新开了门。看着大家在磁带墙前兴奋地回忆高中时光，分享这些年的故事，我的内心也很温暖。青春是一起经历的岁月，关于梦想，关于奋斗，永远都不会褪色。

左满在时光大篷车活动现场进行讲解

80多岁的董奶奶看了电视新闻，坚持要来"闪"一下。在打印创意报的环节，老人家坚持用双手撑着轮椅站起来，一步一步完成了打印。她说，《人民日报》上记录的中国大事，是她经历过的，曾经为祖国奋斗过，她很骄傲。

无数的时光记忆让我备受感动。用我们的产品，让用户感受国家发展与个人命运的紧密联系。守正创新，新媒体报道是有"温度"的。

除了"穿越时光"，我和同事们在 2022 年还一起干了件大事。

搭乘神舟飞船登上"天宫"，是孩子们的梦想！怎么上呢？我们先把他们的梦想送上去。受载人航天工程新闻宣传办公室委托，我们发起了"带着我的梦想上天宫"征集活动，请网友们给航天员写一封信，我们将它送往天宫，听起来是不是很酷？

活动一经发布，便引来网友们热情参与，短短一个月，我们收到近 4 万条来信和留言。整理的过程，仿佛也是一次次交心：小朋友刚学会写字，一笔一画写下对太空的向往；年轻人生活有烦恼，十分真诚地诉说自己的困惑与期待；有的网友人到中年，但心里的那份航天梦一直不曾磨灭……数万封来信中，有一封信让我印象深刻，也得到航天员陈冬的关注。写信的人，是香港培侨中学的陈蔓琳同学。香港回归祖国 25 周年大会后，陈冬在天宫通过视频念了给陈蔓琳的回信，鼓励陈蔓琳勇敢追梦，为美丽的祖国，为美丽的香港，贡献光和热。

一位是航天员，一位是中学生。好奇与憧憬，立志与拼搏，在这次通信中交汇，一颗努力奋斗、爱国爱港的种子生根发芽。看着自己的策划和采写的报道引来广大网友真诚互动，看到在多方努力下架起天地对话的桥梁，我内心也很幸福！

新媒体搭建的桥梁"跨度"很大，连接你我的现在与未来；桥梁"精度"极高，画出网上网下同心圆，让"有意思"的事情"有意义"。

党的二十大期间，作为党中央机关报的编辑记者，我们也尽己所能参与其中，全方位报道盛会盛况，多角度展现盛世盛情。"新千里江山图"，呈现十年锦绣华章；《中国共产党国际形象网宣片》，讲述中国铿锵足音；展望未来，充满无限可能……

谈起未来，《你好，明天》栏目是人民日报接地气的融合尝试，十年间每晚一评。今晚，我和同事也将通过它与大家继续相约，用我们的报道奔赴下一个明天。

左潇在商务部新闻发布会进行直播拍摄

新征程再出发，肩负推动深度融合的使命和期待，加强全媒体传播体系建设，塑造主流舆论新格局，自信自强、守正创新，踔厉奋发、勇毅前行，我想这也是每位新闻工作者的心声！

（扫码查看更多内容）

我在上海抗疫的三次震撼

邱超奕　人民日报社

引言

大家好，我是人民日报社经济社会部记者邱超奕。

2022年4月，我逆行参加大上海保卫战，在抗疫前线奋战52天。

采访中，我遇到的一条无人的路、一辆凌乱的车、一双湿透的鞋，都生动诠释了什么是伟大抗疫精神，什么是中国特色社会主义的制度优势。一幕幕催人泪下的场景，一个个挺身而出的英雄，深深震撼了我。

2020年，我成为全国第一批报道新冠肺炎疫情的记者之一。2022年4月初，看到逆行上海的紧急任务，我又第一时间报了名。不过，我的肺部曾经做过手术，要与病毒短兵相接，还真有些害怕。带着一丝忐忑，4月7日晚上8点，我走出上海虹桥火车站，途经的一条路，深深震撼了我——

上海南京路，曾经年客流量超过 1 亿人次，但现在，这条大街空无一人。它仿佛在警醒我：什么叫"世纪疫情"，什么是"前进道路上前所未有的风险挑战"。

邱超奕在上海新国博方舱医院采访

上海面临的风险挑战，有很多个"前所未有"：感染人数超过 50 万，规模之大在我国大陆地区前所未有；对一座人口超过 2500 万的超大城市按下"暂停键"，管理难度之高前所未有；上海是全球产业链供应链重要节点，局部停摆，影响之深前所未有……某种程度上，比 2020年疫情严重时的冲击还要大。

在前所未有的冲击下，上海每天的直接经济损失超过百亿元。

在无比艰难的抉择面前，我们党给出清晰的回答：坚持人民至上、生命至上！

身处"风暴眼",我的感受更真切——

走进上海瑞金医院卢湾分院的 ICU 病房,会看到躺着的几乎都是 80 岁以上的老人。多位专家告诉我,奥密克戎变异株对体弱多病老人的健康威胁比想象的要大得多。正是因为我们坚持抗疫、全力救治,才挽救了成千上万上海老人的生命;正是因为进行大上海保卫战,才不仅保卫了上海,更保卫了全国数以亿计的高危易感人群。

这次震撼教育我:我们党的根本宗旨就是全心全意为人民服务。在保护人民生命安全面前,我们必须不惜一切代价,也能够做到不惜一切代价。

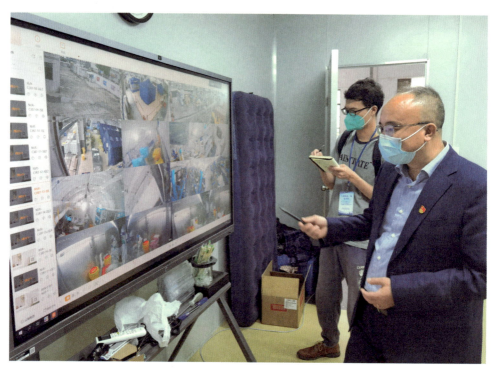

邱超奕在上海松江区的气膜核酸检测实验室采访

第二次震撼，从一辆车说起。

打开车门，放平后座，盖张毯子，这就是"床"；前排挂几个衣架，底下塞个盆，这就是"阳台"。

在这个腿伸不直、腰转不开、头抬不起的地方，李威竟然已经"住"了一个多月。

李威是谁？

他是上海复旦大学遗传学博士，在全员检测缺口最大的时候，他和同事找到一间废旧厂房，硬是建起一座气膜核酸检测实验室。

此后，各地的转运车、救护车源源不断地送来样本。每天至少 5 万管，相当于几十万人次的检测量。他们 24 小时倒班，累了，就去隔壁的简易工棚里睡一会儿。

我问："那你为什么睡在车里呢？"

他的同事心疼地说："他，那哪能叫睡啊？李威负责整个实验室的运行，要处理大大小小的突发情况。有时人刚躺下，又被叫醒，每天加起来也睡不了 3 个小时。"

看着他红肿的双眼，我也忍不住红了眼眶。当晚回去我就写了一篇稿件——《为了核酸检测，他在车里住了一个多月》，这篇报道被全网转载，无数网友留言：向奋战在抗疫一线的战士致敬！

其实，奋战一线的又何止李威呢？全国 5 万多名医务人员同心守"沪"，他们用实际行动告诉我，什么是伟大抗疫精神，什么是中国特色社会主义的制度优势。

第三次震撼，从一双鞋说起。

4月中旬，正是上海物资最紧缺的时候。一线保供"最后一公里"怎么样？我走上街头，采访到一位外卖员，他叫曾加红。

去找他那天，暴雨如注，甚至看不清 10 米外的地方。见到他时，印象最深的就是那双黑色运动鞋，每走一步，都往外咕咕地冒着水。

后来我才知道，这是他唯一的一双鞋啊！原来，他也是从封控区的家里主动申请出来帮忙的，可出来了就回不去，他只能找个桥洞子住了半个多月。可就算是这样，他仍然每天坚持送单到晚上 11 点，有时甚至来不及吃一口热饭。

"疫情要防住、经济要稳住、发展要安全。"在复工复产的第一线，还有很多人战斗的身影。有直接住进工地厂房的工人，有千方百计保供稳链的干部，还有我们党报人自己——记者就是战士，逆行也是冲锋，我们助力打通"大动脉"、畅通"微循环"，唱响中国经济光明论！

终于，6 月 1 日，南京路恢复往日繁华，那个熟悉的大上海又回来了！从武汉保卫战到上海保卫战，回首中国抗疫历程，统筹经济发展和疫情防控取得世界上最好的成果！我更加坚信：涓滴细流汇成大海，片片砖砾筑起长城。任何困难都难不倒英雄的中国人民！只要我们团结奋斗，就一定能战胜一个又一个挑战，夺取一次又一次伟大胜利！

（扫码查看更多内容）

手中的笔 脚下的路

侯雪静 新华社

引言

大家好，我是新华社国内部中央新闻采访中心经济采访室记者侯雪静。

过去8年来，我追踪采访脱贫攻坚和乡村振兴，走在田埂上，来到老乡家，坐在炕沿上，听老乡给我讲战贫的艰辛，分享小康的喜悦。我将这些故事写进一本本采访本。每次翻开它们都有特殊的感情，这里记录的是一个个改变命运的故事。这些故事从侧面表现出中国的减贫密码。

采访中我深深地体会到：砥砺前行的中国人民创造了一个又一个奇迹。正是这些奇迹，描绘出伟大复兴的光明前景。我的采访本也将继续伴随我，在新征程上，去采写新的故事。

文伟红是贵州扶贫干部，连续7年驻村帮扶5个贫困村。在察看扶贫产业时不幸发生意外，45岁的生命永远定格在他奋斗的扶贫路上。

有一个名叫李云起的外国人，是来自加拿大的留学生。他跟我说："中国是一个能把普通人变成英雄的国家，还有什么做不到？"

8年间，我采访了几十个贫困村和几百个贫困户，这一幕我印象深刻，它从一个小切口展现出中国的减贫密码。

我的笔记本上记满了采访细节，每次翻开它们都有特殊的感情。因为这里记录的是一个个改变命运的故事。

带盐渍的背影，是河南兰考的一位叫王飞的扶贫干部带我们采访时的身影。几年前，正值大暑，天气特别热，地面温度有六七十度。王飞带着我走田埂、钻大棚看扶贫产业。有的大棚里种的是兰考蜜瓜，瓜真甜，大棚里也真热，一口咬下去，瓜都是带"温度"的。一天10多个大棚钻下来，大家衣服干了湿，湿了又干。走在我前面的王飞，黑色的上衣出现一圈圈白色的盐渍，十分显眼。

我感叹：兰考如今地里不见了盐碱，盐渍却爬上了扶贫干部的衣服。我配图发了朋友圈，引来众多点赞和评论。

我意识到：其实主题报道离读者并不遥远，关键看怎么找到共鸣点。我就此采写播发了新华时评《扶贫干部身上的盐渍，美如画、艳如旗！》。这篇写在调研路上的小稿子被大量转发，脱贫攻坚战最艰难时期干部的背影激励了很多人。有网友留言：稿子很感人，扶贫干部就是用辛苦指数在换群众的幸福指数。

我的采访本上还记载着我和余静几年间的多次采访。第一次见余静，是在安徽金寨大湾村，她当时是驻村扶贫工作队队长。我和她是同龄人，孩子也差不多大，特别有话说。

侯雪静在四川大凉山采访脱贫的彝族群众

　　当时她驻村帮扶 4 年，已超期 2 年仍没有撤岗。只因她曾立下军令状："大湾村一户不脱贫，我坚决不撤岗！"我问她必须这么做吗？她说只有这么做，老百姓才信你。那阵子宣传报道也随着脱贫攻坚战进入决战决胜关键阶段，她的这话也激励着我，啃下一个个报道的硬骨头。

　　2021 年 2 月，全国脱贫攻坚总结表彰大会现场，我看到来领奖的余静。我们没来得及多说，但她的眼神告诉我：她的承诺兑现了。会后我们互发微信："祝贺，加油，再出发！"

　　干部要和群众交心，她把心交给群众，也把根彻底扎在了基层。

记者要和笔下的人物交心，我也要永远奔跑在新时代新征程的采访路上。

侯雪静在重庆石柱县华溪村采访村民谭登周夫妇

最近，为了做好相关主题报道，我沿着采访本里的线索再次踏上采访路。

又是大暑节气，再次来到河南，我看到当年扶贫干部的汗水已经滋养出群众的奋进精神。

我从采访的干部中，听到了这样一个故事：一位大爷申请退出低保。竟然还有人嫌钱多？

为了巩固脱贫成果，按照有关政策摘帽不摘帮扶，这位大爷还可以拿低保。大爷为啥要退出低保？大爷说：拿低保，让人瞧不起，俺儿不好找媳妇。靠自己的双手也能过上好日子。

从这个故事中我发现：打赢脱贫攻坚战不只是物质的胜利，更是精神的胜利。如何将这种精神力量传递给读者，是我思考和关注的焦点，我采写的角度也从"富口袋"转向"富脑袋"。我在《彪炳史册的人间奇迹——党的十八大以来我国脱贫攻坚成就举世瞩目》等主题报道中，挖掘传递中国人民不懈奋斗的精神，因为这是我们新闻工作者的使命，报道能带给更多人奋进的力量。

《老外看中国脱贫》播发后引起强烈反响。李云起现在已经成为复旦大学的研究生。他从北京出发去上海前，我们见了一面。他跟我说，他要一直留在中国。因为这块土地上，人们总能创造奇迹。

余静已经调到乡里工作，依然对口联系大湾村，接续推进乡村振兴。采访中她跟我说：不能歇，越是这时候越要接续推进；越是累越要寻找到那个工作的支撑点，不是金钱、荣誉，而是人生的成就感。她的成就感就是老乡的生活越过越好。

奋进新征程、建功新时代，是时代对我们每一个人的召唤。采访中我越来越多地发现：中国这 10 年，砥砺前行的中国人民创造了一个又一个奇迹。正是这些奇迹，描绘出伟大复兴的光明前景。

我手中的采访本也将继续伴随我，在新征程上，去采写他们的故事。

（扫码查看更多内容）

展现真实立体全面的中国

眭黎曦　新华社

引言

　　大家好，我是来自新华通讯社的眭黎曦。

　　我曾在国外街头的枪击案现场坚守，也曾在驰援武汉时用真实的数据和画面与外媒的不实报道针锋相对，更在互联网平台上用更洪亮、更清晰、更深入人心的声音，对外讲述发生在中华大地上的故事。

　　作为新闻人，给世界展现一个真实、立体、全面的中国，就在我们每一个镜头中、每一步脚印下、每一篇报道里。

　　多年前，我还是一名实习记者的时候，西方某国最繁华的都市发生一起枪击案。案件突发，还有传闻说涉及当地华人，我下意识拿上相机，赶往现场。

　　当地警员告诉我：枪手疯狂开枪，已有一人遇难。目前他持有武器仍在藏匿，此处并不安全。我当时攥着相机的手心已全是汗，咬咬牙，按下了快门。那天我一直坚守在现场，最终采访到枪手被警方击毙的消息，并确认这一案件和当地华侨华人没有任何关系。这是我第一次面对危险场面逆行采访。在感叹祖国安全之余，迅速播发了消息。我的新闻成为国内记者独家报道，得到大量转载引用。

眭黎曦在青海省玉树藏族自治州称多县采访中刚友谊小学的藏族学生

作为中国记者，奔赴离新闻最近的地方报道真相，成为当时我对国际传播的理解，可后来发现，我们的工作绝不止如此。

我再一次"逆行"报道是 2020 年驰援武汉，见证了我们如何打赢疫情防控武汉保卫战。

就在武汉"解封"的第二天。我遇到一支由50余家外媒、上百名外媒记者组成的队伍。与他们一同采访的几天，我发现了端倪。本着直觉，我浏览了他们的相关报道。果不其然，虽然是一同采访，但是在他们的报道里：有关部门的救治措施不见了，只剩下对人们的限制与规定；官方发布的数据不见了，只剩下恶意的揣测与抹黑；人民对医护的感谢不见了，只剩下面对未知病毒时，大家的焦虑与不安。

看了这些戴着有色眼镜报道的消息，我的责任感油然而生。为武汉正名，为中国正名，我要用铁一般的事实，"用他们听得清、听得懂的语言"，与他们针锋相对。

他们质疑我们的确诊数据，我就采访了卫健委负责人，给他们最权威的解释；他们质疑我们的医疗水平，我就探访位于疫情风暴中心的金银潭医院，采访抗疫英雄张定宇；他们质疑我们是否做到应收尽收，我就随新华社湖北分社的同志们挖掘数十名经医治好的90余岁重症老人。

看着95岁的重症康复者徐明老爷爷在我的镜头下侃侃而谈，那些外媒沉默了，而外国观众则被触动了——原来中国真的做到不放弃每一个生命。

观察中国可以有不同的视角，但对于刻意抹黑和污蔑，我们要坚决澄清谬误，明辨是非。

这些年，国际舆论场的斗争引发我更深一层的感悟：传播中国声音，我们也要用他们能听到心坎儿里的方式，去讲述中国故事。

建党百年之际，我们推出了纪录片《我的朋友是党员》，它通过外国人的视角，讲述了我们的党员故事。

尼克是来自欧洲发达国家的一名退休警察，他主动参与广西一个小山村的扶贫工作，一干就是四年。

在采访中，这个老外告诉我：就是因为看到驻村第一书记谢万举，在洪水到来之时，拼了命一样抢救老乡的果园，让他从最开始的好奇变成深深的感动，以至于真心加入他原本都无法理解的脱贫攻坚决战中。

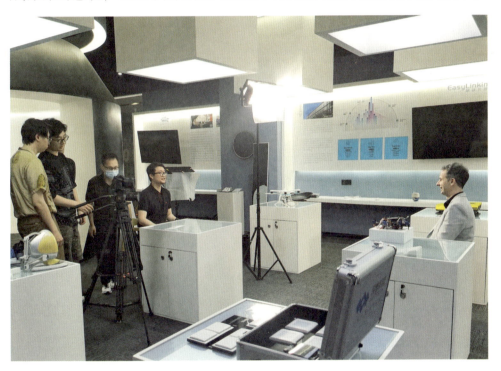

睢黎曦在广东省深圳市采访波兰籍科技公司创业者阿诺德·亚当奇克

他跟着谢万举一起种田、修路、喂牛，甚至帮老乡们直播带货，俨然成了一名洋助理。尼克说，是这位驻村书记给了他第二段人生，因为书记的无私与奉献，让他认识到"为人民服务"这五个字的含义。

在武汉，留学生塞莉娅给我们讲述了另一名党员的故事。她说，在武汉疫情防控保卫战中，她的社区书记陈棋挺身而出，下沉到每家每户，保障民生。她住的安静社区是老房子，封闭期间吃到的蔬菜和食品，源于大白和小蓝们最后几百米的艰辛路程。老书记穿着防护服劳累的身影，打动了这名嫁到武汉的洋媳妇儿。他们成为无话不谈的朋友，塞莉娅还加入小区志愿服务的行列，同时主动在社交平台上发声，描述她眼里中国为抗疫所作的努力与付出。

民相亲在于心相通，而真诚正是打动人心的号角！我们通过四名普通外国人与身边共产党员的小故事，用真挚的情感、细致的记录和平实的讲述，让平凡党员的不平凡得以自然流露。

纪录片上线到海外平台后，浏览量迅速突破 500 万次，有海外网友留言表示"很愿意与这样的中国党员结交朋友"，还有海外网友发出感叹"从他们身上看到共产党员的力量"。

我国已日益走近世界舞台中央，身处纷繁复杂的国际新闻舆论场，我常常陷入沉思。面对那些杂音、噪音，我们要做的是提升在国际舆论场的音量，用更洪亮、更清晰、更深入人心的声音，给世界展现一个真实、立体、全面的中国，为了形成同我国综合国力和国际地位相匹配的国际话语权，我们将不懈奋斗！

（扫码查看更多内容）

用突破向世界展示我们的精彩

张宏达　中央广播电视总台

引言

　　大家好，我是中央广播电视总台记者张宏达。

　　2022 年 2 月 4 日，晚 10 点，一首空灵而优美的童声合唱，拉开了北京冬奥会的大幕。这是新冠肺炎疫情发生以来，全球首次如期举办综合性体育盛会，全国关注、举世瞩目。

　　今天，我跟大家讲一讲中国人民如何同各国人民一道，克服困难挑战，再一次共创一场载入史册的奥运盛会，再一次共享奥林匹克的荣光。

　　中国代表团金牌获得者既承载着北京冬奥的高光记忆，也向世界宣告中国的精彩。2022 年 2 月 5 日晚 9 点，我正在闭环内工作，一瞬间被电视直播的激情解说吸引了过去。我的同事刘星宇正在解说短道速滑混合团体接力决赛，中国队以微弱优势险胜夺冠，这是中国队首金，展示向冰雪强国出发的突破。特别在正月初五的晚上，给破五的春节习俗点上了完美的叹号。

集体项目合作夺金,鼓舞我国运动员勇往直前的士气,更点燃中国记者在世界舞台展示大国形象的决心。冬奥报道,比快、比准、比独家。"0.016秒!一个冰刀险胜!中国短道队夺冠!"央视新闻客户端弹出喜报。这是国内首发首推,这是世界领先速度!

张宏达在北京冬奥会采访瑞士运动员奥德马特

冬奥会和冬残奥会期间,总台共派出3000多名采编播人员,开幕式8K制作首秀,赛时全程4K制播,赛场过半收视率就超过以往历届冬奥会。在媒体竞争的赛道上,我们已多次取得突破,成为世界的领跑者之一。而我负责报道的高山滑雪,一直是我们的薄弱项目,大家同样期待中国运动员在这里实现突破！

高山滑雪，世界公认的雪上运动基础大项，又被誉为"冬奥会皇冠上的明珠"。这次比赛设在新落成的国家高山滑雪中心，山顶海拔2198米，竞速赛道长度超过3000米，海拔落差900米。这不光靠胆量，更要靠专业滑行才能驾驭。

我第一次报道国内高山滑雪比赛，是新疆冬运会。从赛道向下看，就是峭壁悬崖。在半山腰拍摄完，真是上去容易下来难！最后，赛道裁判帮忙扛着摄像机、三脚架滑向终点区。我和摄像师则听了他的建议，翻过身，趴在雪面上，一点点往下蹭，但很快，还是失控了——我突然感觉天旋地转，沿着陡坡翻滚而下……一瞬间，害怕自己搞不好就交待在这儿了。

在崇礼，为了拍摄中国队奥运备战，我和搭档坐着露天吊椅驶向山顶。这里已经比新疆艾文赛道的条件好多了，但呼啸的寒风还是像锋利匕首一样，直接扎在心房上。有过极寒经历的人都知道：那是真冷啊！

这些只是外行人上赛道的感受，而从事高山滑雪的运动员在比赛时承受得更多。我们跟踪报道的小伙子叫徐铭甫，大家可能没听过这个名字，但六年下来，我们的镜头记录下：他脚底一层层套嵌的血泡，膝盖一管管抽出的积液，小腿上一针针缝合的伤疤，骨头里一根根铆实的钢钉。

带着这些历历在目的回忆，我进入北京冬奥报道最后准备工作。因闭环严格管理，我们哥俩很难碰面。我给铭甫发了个微信："老弟，加油！"他简单地回复："好嘞！哥，干就完了！"

2月7日，小海坨山国家高山滑雪中心，冬奥会男子滑降，徐铭甫从山顶飞驰而下，跳跃、转弯、冲刺……最终成绩第36名。他成为冬奥会历史上，第一位完成高山滑雪男子竞速项目的中国运动员，为中国队全项参加冬奥会再添突破。

国际奥委会主席巴赫先生特地来到现场观赛。赛后，巴赫主动走向徐铭甫，这立刻引起我和搭档的注意，于是便有了特写《巴赫的礼物》。我们的镜头记录了巴赫亲手把奥运纪念表赠予徐铭甫的荣耀瞬间，我们的话筒也收纳了徐铭甫坦荡兑现3年前曾许下的诺言：只要付出到了，没有我们中国人完成不了的任务。

张宏达在东京奥运会录制开幕式特别报道

　　新闻报道不光拼速度，还要比角度！这条独家新闻被广泛转发，它记录了中国运动员的拼搏努力、奋进执着。许多网友在留言区回复：这拼搏前进的一小步，更体现了伟大复兴征程中，我们中华民族的奋力前行的一大步！

　　北京的冬天宁静美丽，冬奥的报道紧张繁忙。美丽的冰丝带、雪如意，可爱的冰墩墩、雪容融，热腾腾的豆包儿，香喷喷的韭菜合子……这些随处可见的中国元素，更让参加冬奥会的每一个人暖在心间。一位外国运动员接受我们采访时说："离开时，我会哭的，爱你们。"

　　北京以开放、自信、清新的怀抱，向全世界发出"一起向未来"的时代强音，而这体现了"双奥之城"的突破！

（扫码查看更多内容）

传承：记录伟大复兴的力量

王　宁　中央广播电视总台

引言

　　大家好，我是中央广播电视总台记者王宁。

　　2021年，我接到一个特殊的采访任务——采访26位老人。

　　他们的年龄，加在一起超过2300岁；他们特别可爱，银发少年是最贴切的形容词；他们特别伟大，看到他们的名字，每个人都会肃然起敬。

　　他们就是《吾家吾国》节目里的老先生们。

　　做《面对面》记者10年，我习惯了面对现场勇往直前，面对问题追问到底，可是当我面对这些高龄的大家名家时，面前开启的是一段学生般求索探寻的旅程。

　　"深潜院士"汪品先是世界上最高龄的深潜者。采访那天上海下起了小雨，85岁的汪老师披上雨披骑着单车就拉着我去他的办公室。我反复劝他，叫个车吧。他说，不用了，365天都这样去同济大学，已经习惯了。

王宁采访汪品先院士

在路上，汪老师告诉我，骑车锻炼身体，而且比走路省 10 分钟。林荫路上，他骑得不紧不慢，我骑着共享单车，由于轮子比较小，以我的年龄跟上他的速度竟然还有点费劲。

采访"北京时间之母"叶叔华院士时，我惊讶的是：94 岁的她，每天中午工作完自己到食堂打饭，吃不完的打包回家当晚饭。

那天拍摄时，她反复问我的话是：拍片子的小伙子们有没有饭吃？

中国第一代女考古学家 92 岁的郑振香老师住的房子不大。她告诉我，她已经在这间房子住了 30 年，搬进来什么样，现在还是什么样。变化的是倾注毕生心血的书，已经把房间挤得满满当当。

她跟我说，为什么反复看书？因为记忆力不好了，如果不常看，再研究一些问题的时候就会耽误时间。

这些记忆，就是当我走近这些在党史、新中国史中产生重要影响的老先生们，他们给我上的第一课。

要怎么做好这组报道呢？我改变了过去的采访方式，选择聊天和倾听。我就想做一件事：走进他们的故事，走进他们的内心，像学生和老师聊信仰故事，像孩子听前辈讲人生感悟。

95 岁的潘际銮是"焊接泰斗"，为我国很多重大工程解决了焊接领域的难题。考虑到老先生的年龄，原本的采访地点约在他家，可是老先生执意把我约到他的实验室。当他介绍正在研制的焊接机器人时，我看到他眼睛里的光。

南昌大学有一条小路叫"际銮路"，纪念潘老任校长时的点点滴滴。教学期间，他反对"唯论文论"，呼吁学生们多去一线，多做实用的东西。这也是潘老一生践行的理念。提起这段往事，潘老跟我说，论文不实用，对社会有多大意义？要有真作用！说这句话的时候，我又看到他眼睛里的光。

杜祥琬院士年轻时参与了"两弹一星"的研制工作，退休后他成为中国工程院科学道德建设委员会主任。他对新当选的院士提出 8 条箴言。其中最重要的一条是：做学问，首先是做人！

做一个好人，再做好事业！这何尝不是对我们新闻工作者的勉励呢？

汪品先院士接受采访时，我们的摄影师在镜头里发现老先生的皮带扣磨损了。两天拍摄结束，我们把一条崭新皮带留在他的书桌上。叶叔华院士的爱好是听古典音乐，可是却没有时间去买新的唱片。离别时我们精心选择了几张音乐光盘留给她。我们能为他们做的只有这些点滴生活小事，而这些小事，他们很少有时间在意。

王宁采访新中国第一代考古人郑振香

我们节目收到过很多年轻网友的留言，其中一条我至今印象深刻。他说，这些老先生让我懂得一段话的真正含义：当一个人回首往事的时候，不会因虚度年华而悔恨，不会因碌碌无为而羞耻！

每个人都会变老，当我老了以后，我是否还能像他们一样勇往直前？当我们老了，回首往事，我们为这个时代留下什么印记？

"七一勋章"获得者蓝天野老先生有着77年的党龄。他原本叫王润森，是一个丹青少年。当他成为党的交通员后，为了掩护身份，改名叫蓝天野。而这个名字，人们叫了他74年。他为了国家放下个人理想，他为了党选择了另一个名字。

在我们拍摄的最后，他给我们留下的寄语是"家国情怀"。这四个字的背后，是一名党员的毕生志愿与坚定操守。

这段采访，让我反复思考：究竟什么是一个记者的初心？我要努力把他们这种生活里简朴、事业中坚守、信仰上忠诚的精神，传递给更多观众。因为这种传承体现了中华民族文明发展的基因，也是中华民族复兴的伟大力量。

新闻工作者就是要把这样的力量传播出去，让更多人看见、听清，让它在观众的心间真诚地传递！

（扫码查看更多内容）

让中国理论走向世界

聂悄语　求是杂志社

　　大家好，我是求是杂志社外文版编辑部记者聂悄语，是一名从事理论外宣工作的记者。

　　4年前，《求是》杂志全新改版，求是的理论外宣也进入刊网融合的新阶段。我深感理论外宣很难，在不断尝试的过程中，三个经历使我的内心越发坚定，探索理论外宣的思路和轮廓逐渐清晰。

第一个经历来自梁家河村民的真诚笑脸。

　　2021年，我随求是杂志社调研组来到50多年前习近平总书记劳动生活过的地方——陕西延安梁家河村。一下车我就被眼前的一幕惊呆了，这还是当初那个黄土地上贫瘠的小山村吗？采访中，旅游公司的领导说，他们公司带动村民就业 100 多人；返乡青年说，再也不用外出打工、顶着太阳做钢筋活了；农家院的老板说，能有今天这样的收入和生活方式，他感到很满足；开杂粮店的村民说，家家户户通了自来水，再也不用挑井水吃；卖土月饼的小贩热情地张罗着；开小卖部的老大娘滔滔不绝地介绍起自家生意……

谈笑间乡亲们发自内心的幸福深深地感染着我，他们对美好生活的向往，已经变为活生生的现实，我想这不正是中国理论优势的说服力吗？理论源于实践，这次采访使我感到，以梁家河为例，中国大地上已然和正在发生的进步，是我们讲好中国故事、传播中国理论最大的底气。

第二个经历来自对中国政治话语转化的不懈探索。

《求是》杂志英文版、求是英文网、求是推特账号创办之初，就得到我国一流资深老翻译家黄友义、徐明强的大力指教，由他们做定稿人。我很幸运能在他们的指导下，探索政治话语的转化。

理论外宣的难点在于既要保留中国特有的政治话语，又要让外国读者看懂。由于中外文化存在较大差异，我们所熟知的政治话语、家喻户晓的事，外国人未必能理解。比如，我们讲"井冈山精神"，spirit 本身具有宗教色彩，mountain spirit 在英文中的意思是山里的灵怪，直译可能让外国人误解为"井冈山上的幽灵"，因此，我们说这是"中国第一个革命根据地的精神"；我们谈到"四个自信"，对外就要明确告诉读者是哪四个自信；"打铁必须自身硬"，理论编辑记者首先要充分理解这句话的含义，到底是锤子硬，还是打铁人硬；讲到"红船"，如果仅仅告诉外国人 red boat，他们或许会误以为这是一艘普通的、红色的船，因此，我们要讲清楚，这是中国共产党诞生的地方之一，是中国革命源头的象征。

处理这些承载丰富内涵的中国政治话语，必须在深入研究理解的基础上多做解释，按照习近平总书记的指示，构建融通中外的新概念、新话语、新表达，从而不断提升中国理论的可读性。这是一项艰巨的任务，我们要向老一辈翻译家学习，以一丝不苟的精神、严谨科学的态度，研究政治话语的转化，努力让外国人读懂并接受中国理论。

聂悄语采访中国日报设计总监盖威廉（Bill Gaspard）

第三个经历来自海外网民对中国理论的理解和认同。

2021年，《求是》杂志发表了习近平总书记重要文章《扎实推动共同富裕》，求是推特账号也发布了系列推文，在海外引起强烈反响。国外主流媒体纷纷发表评论文章，政商学界意见领袖积极解读，认为共同富裕是社会主义的本质要求，是中国国家和社会治理的重要部分，为未来中国的发展指明了方向。有的海外网民说，共同富裕与西方的福利主义不同，它的核心是让社会更加公平，是要寻找经济增长和公平之间的平衡，从而塑造一个平等与财富不矛盾的社会，这尤其能引起发展中国家的共鸣。英国学者马丁·雅克也在推特上指出，共同富裕是中西方都面临的一个大问题，中国聚焦共同富裕具有重要意义，显示出国家转型背后的治理生机和活力。

2020年底，我们发表了习近平总书记重要文章《不断开拓当代中国马克思主义政治经济学新境界》英文版，并同时推动这篇文章的德文版在德国的《马克思主义杂志》上发表。文章发表后，受到广泛关注。海外网民认为，中国以马克思主义为指导发展经济，并不断取得进步，体现了理论的科学性，是对马克思主义理论的丰富和发展。透过这篇理论文章，海外网民还看到了中国实践的巨大成就，认为中国脱贫攻坚的经验、以人民为中心的发展思想都值得世界借鉴。

习近平总书记这两篇重要文章的外文版在海外受到关注，让我看到理论外宣的重要作用。西方舆论界表现出对中国理论的主动了解和认知，并对其给予不少认同和支持。这些理性客观的回应，成为我做好理论外宣的动力。

聂悄语采访来京藏族学生

"加快构建中国话语和中国叙事体系，用中国理论阐释中国实践，用中国实践升华中国理论""更加充分、更加鲜明地展现中国故事及其背后的思想力量和精神力量"，习近平总书记的殷殷嘱托鼓舞着我们，在探索理论外宣的道路上努力前行。让中国理论走向世界，这个光荣的使命，在大家的共同努力下，一定会结出丰硕的成果。

（扫码查看更多内容）

我在战位向祖国报告

王琢舒　解放军新闻传播中心

引言

大家好，我是解放军新闻传播中心记者王琢舒。

作为一名军事记者，在执行任务的过程中，有一些特殊的人、事和坐标点在我心底留下难以磨灭的印迹。让我颇感骄傲和自豪的是，我在战位上见证了中国军人炽热的忠诚、不屈的意志、满腔的血性、不渝的情怀，见证了中国军队和中国军人的好样子。

2021 年 9 月和 2022 年 9 月，我先后在两个异国战位，执行"和平使命 –2021"联演和"东方 –2022"演习的报道任务。

为了能够离战火更近一些，这两次任务我都随官兵进入演习地域。特别是 2022 年 9 月的演习，我全程嵌入作战指挥链，每次跟随战士们演习归来，脸上、身上、耳蜗里、鼻孔里，全部是硝烟和尘土。这也是我们战地记者应有的"冲锋"姿态！

苍茫的大草原上，铁流滚滚，战机轰鸣。坦克、步战车纵横驰骋，导弹、火炮发出阵阵怒吼。

我在距离炮火最近的位置，第一时间用一组组全平台融媒体的报道，向祖国报告：中国军人，在战场上拼搏英勇；中国军队，在战场上战无不胜！

然而，和平时期，并不是每一名中国军人都有机会在战火与硝烟中冲锋。更多的中国军人，其实是在没有硝烟的战位上，默默地坚守、牺牲与奉献。

王琢舒与长白山天池哨所官兵一起巡逻采访

2022 年初，我踏访祖国的北疆边防线。为了更加真实、生动地反映边防军人的日常训练和生活，我在零下 43 摄氏度、风力 11 级的极寒恶劣条件下，跟随官兵一起沿着 70 度的陡峭的"绝望坡"巡逻执勤。

巡逻路上，夹杂着雪花的狂风一吹，身上厚厚的军用棉大衣就像纸片一样，我浑身上下瞬间被冻透。我的眼睛被风吹得根本睁不开，看不清脚下的路，鼻涕流到防寒面罩上，很快就结成了冰。

坡越来越陡，一阵狂风吹来，新兵唐伟猝不及防，脚下的积雪没有踩实，瞬间连同装具滑落跌倒在地。我的心也提到嗓子眼，唯一能做的就是用冻僵的双手紧紧抓住哨所官兵巡逻用的"独门神器"——那根被称作"英雄绳"的粗麻绳，丝毫不敢松动。每向前移动一步，都异常艰难。

而这，就是哨所官兵日常的巡逻路。

一同巡逻的上等兵刘涛涛为了保护随身携带的装具，十指全部冻伤。那些冻出来的小水疱，只有用细针一个个挑破，再静静地等待一个冬天，才会逐渐好转。

这个"00 后"的小伙子却告诉我，他不疼，"战争年代，多少先烈献出生命。我这算啥"。

有人说："战伤，是军人最美的勋章。"那一天，我也收获了一枚"军功章"——脸部一处两厘米长的冻疮。

我戴着这枚"军功章"将采制的内容第一时间发给后方，融媒体报道在各大平台发布后，万千网友为我们的边防军人点赞。87 岁的拥军模范赵中福老人一家还为边防官兵织了两大箱红彤彤的围巾，作为一份特别的暖心年货，跨越 4000 多千米，送到风雪边关。

在人烟稀少的保兴山哨所，官兵们用冰雪为重庆籍小战士吴晋锋打造的生日蛋糕，是国旗的颜色。那味道，让我觉得很香很甜。

晚上，哨所的老边防李勇给我讲的故事，却让我久久难以平静。哨所老班长齐国宾在一次执行任务时，面对漫天的飞雪和极度的严寒，将一直夹在腋下还有余热的水壶拧开，把温水喂到战友嘴里，自己却因饥劳过度，永远地长眠在北疆的边防线上。

陆军某边防旅下士李波和上等兵杨礼豪沿着界河踏雪巡逻，杨礼豪不慎跌落冰河，李波拼尽全力把战友推上冰面。战友得救了，李波却再也没有醒来。

王琢舒在某演习活动中登上步兵战车采访

为了追寻这些英烈的足迹，我多次踏访他们牺牲的地方。那里一年有一半时间被冰雪覆盖，最低气温达零下 52 摄氏度。雪国将它的壮美秀丽留给了祖国和人民，却把无边无际的苦寒和寂寥留给这里的军人。然而，"以我之牺牲，换祖国山河无恙"，已经流入每个戍边军人的血液。

许多朋友问我："你为什么愿意长期冲锋在一线？"那还是源于一次采访。

有一年盛夏酷暑，我去某部队采访，那是我第一次20多天泡在基层部队。一天晚上，我和一个连队的指导员聊天。指导员说："王记者，你知道吗？你们能来基层，哪怕最后电视上没有你、没有我，官兵们都开心得不得了。因为你们的到来，是对他们最大的鼓舞，意味着要用优异的成绩向祖国汇报！"

12年了，这件事我始终忘不了！战位在疆场，战位在边防，战位更在我们每个战士的心上！这就是中国军人炽热的忠诚、不屈的意志、满腔的血性、不渝的情怀。

2022年是中国人民解放军建军95周年，我要向祖国报告：作为一名战地记者，请祖国和人民放心，我会一直坚守我的战位，用笔触和镜头，让更多人看到中国军队和中国军人的好样子，向大家宣告，我们是一支不可战胜的力量！

（扫码查看更多内容）

选 择

严圣禾　光明日报社

引言

　　大家好！我是来自光明日报社深圳记者站的严圣禾。

　　说起深圳，很多人以为，来深圳就是为了挣钱。深圳的确创造了经济建设的奇迹。从 1980 年到 2019 年，深圳的地区生产总值增长了一万倍。然而，就是在这市场经济最发达的地方，也有一群选择埋头做研究的人，他们虽然身在各行各业，但都是接受过良好教育的知识分子，都是理想坚定的共产党员。

　　今天，我给大家讲两名深圳党员知识分子的故事。他们一位是年长的新党员，已 64 岁，党龄 3 个月；一位是年轻的老党员，才 36 岁，党龄 13 年。

　　1977 年，一名 19 岁的辽宁男孩，以数学满分的成绩考上中国科技大学地球物理系。这个学霸叫陈晓非，出生在教师家庭的他，从小的梦想就是当科学家。

1986 年，陈晓非到美国攻读博士学位。20 世纪 80 年代，中美之间的差距还很大，面对美国的花花世界，陈晓非不为所动，每天钻在自己地球物理学的小天地里。

1996 年，年仅 38 岁的陈晓非在学界已小有名气。摆在他面前的有两条路，从个人收入来看，留在美国工作，月薪五六千美元；回到国内工作，月工资一两千人民币。从工作条件来看，美国学科建设成熟、科研设备先进；而国内该领域研究起步较晚、硬件设施和科研资金还不能充分保障。

这是一道简单的选择题。在那个对出国留学趋之若鹜的年代，大部分人都会选择留在美国，而陈晓非却选择回国工作。"中国需要发展这门学科，我出国学习的目的就是要把国外先进的技术和理念带回国，为祖国建设服务。"面对众人的不解，陈晓非留下这句话，掷地有声。

回国后，陈晓非专注地震波和计算地震学研究，取得一系列重要的科研成果，为我国地震灾害防御与资源勘探作出突出贡献。他先后担任北京大学地球物理系主任、中国科学技术大学地球和空间科学院执行院长等职务，并当选为中国科学院院士。2016 年，得知深圳要在基础研究领域发力，年近六旬的陈晓非来到年轻的南方科技大学，组建地球与空间科学系。

不管到哪里，不管在何时，陈晓非总是沉迷在科研中。记得 2019 年正月初八，为完成"新春访名家"任务，我第一次采访陈晓非院士，南科大校园内空无一人，但陈院士一早就在办公室埋头工作。2022 年暑假，深圳酷热难耐，但陈院士没有回东北老家避暑，一直留在学校做科研。

2021 年初，党史学习教育在全国热烈展开，年过六旬的陈晓非院士深受感召，郑重向党组织递交了入党申请。谈到入党动机，陈院士告诉我："我们这代人，生在新中国、长在红旗下，从小就听过很多共产党员为建立新中国勇于牺牲的感人故事。成为共产党员也是我年轻时的梦想，只是这些年一直忙着做科研。党史学习教育，唤醒了我的这个梦。"

经过一年多的考察和培养，2022 年 5 月，陈晓非院士终于圆了自己的梦想，成为一名光荣的中国共产党预备党员。

严圣禾在深圳市宝安区福永街道怀德社区"新春走基层"

故事的第二位主人公叫刘培超，1986年8月出生在山东日照，2009年大学期间就已入党，是位年轻的"老"党员。作为深圳市越疆科技有限公司的董事长，刘培超在商业上很成功；作为"深圳市优秀共产党员"，刘培超在政治上很坚定。

和陈晓非院士研究基础科学不同，山东大学机械工程专业硕士毕业的刘培超研究的是应用科技。还在实习期间，刘培超就发现，很多高学历人才经常要干一些重复枯燥的工作，如摇烧瓶，有时一摇就是一下午。

他突发奇想：能否制造一种智能机械臂，来当人的助手呢？

2014年的中国，双创热潮涌动。刘培超毅然放弃稳定的工作机会，南下深圳创业。

当时，说到机械臂，人们想到的就是工厂里那些笨重的大家伙。但刘培超要做的，是那种能放在桌子上帮人干活的小帮手。我们中国的创客，还是挺敢想的。

脑子里能够产生新奇的想法，固然不容易；但要把想象的东西做出来，更加不容易。刘培超他们做的第一台样机，笨拙迟缓，精度完全达不到要求。

痛定思痛，刘培超和团队全力改进：一是自行设计零部件，二是改变算法控制。2015年7月，他们终于成功开发出首款桌面型智能机械臂，在国外众筹平台大受欢迎。

首款产品的成功让刘培超有了自信，他决定成立自己的公司——越疆科技有限公司，把事业做大，朝着"用技术创新树立民族工业品牌"

的方向努力。

　　越疆科技有限公司刚成立，就站在十字路口。一条路是像多数创业团队那样，专做智能硬件，挣快钱；另一条路是在现有产品基础上，进一步提高精度，研发工业级机械臂。

　　又是一道选择题！大多数投资人和合伙人都希望走前一条路，但刘培超决定走后一条。作为一个生意人，他当然知道前一条路风险低、来钱快，但作为一名党员知识分子，他更清楚工业机械臂是一国制造业升级的关键，而这一领域的国产品牌寥寥无几。

　　这一次，研发过程更加艰难、更加漫长。传统的工业机械臂有六个轴，每个轴都有一个电机，每个电机都需要一个伺服驱动，再加上控制器，整个机箱有电冰箱那么大。刘培超又大胆想象，能否用一个伺服驱动来拖六个电机，然后再将其与控制器高度集成呢？得知有中国企业在研发这种轻量化的工业机械臂，国外同款产品在中国市场的价格迅速从20多万元降到12万元，目的就是要挫败中国同行的热情，长期占领中国市场。

　　"自己选择的路，跪着也要走完！"平常爱笑的刘培超，在跟我说这句话时，异常严肃。那几年，他夜以继日地专注技术攻关。团队画过的图纸，摞起来有1米多高；团队写过的代码，加起来有几百万行。闭关三年，不闻窗外。2018年3月，越疆科技有限公司研发的工业机械臂终于量化投产，机箱只有电脑主机那么大，价格只有国外同类产品的一半。

　　如今，越疆科技有限公司作为国家级专精特新小巨人企业，机器臂累计出货量超 55000 台，销往全球 140 多个国家和地区。刘培超"用技术创新树立民族工业品牌"的中国梦正在稳步实现。

严圣禾在广西重走长征路期间采访

　　这就是我作为一名观察者和记录者，在改革开放最前沿看到听到写到的真实故事。虽然时代在变化，但深厚的家国情怀和为人民服务的热情，始终是党员知识分子不变的底色。今天，我将这两个故事分享给大家，希望能够激励更多年轻人：敢于创新，忠于信仰，坚定选择，勇毅笃行。

（扫码查看更多内容）

把"中国经济故事"讲给世界听

李盛丹歌　经济日报社

引言

　　大家好，我是来自经济日报社国际部的李盛丹歌，是报社海外平台工作室初创成员之一。

　　近年来，经济日报社把深入宣传报道习近平经济思想作为立报之本，"践行习近平经济思想调研行"应运而生，连续推出几十套万字深度报道，这些正是我们"向世界讲好中国经济故事"最强有力的内容支撑。我们的报纸稿件和新媒体产品不仅在国内产生了很大社会反响，同样也引来了海外网友的关注，阅读量累计超过 1.5 亿次。

我讲的故事要从两个动物说起。

第一个故事的主角，是一群憨态可掬的野生大象。

2021 年，它们从西双版纳保护区一路北上，最终顺利回家。象群所到之处，是充满爱心的普通民众、专业高效的应急处理团队和负责任的当地政府。它们的迁徙活动，吸引了3000多家国内外主流媒体关注，传播到全球190多个国家和地区，一个疆域辽阔、资源丰富、文明友善的中国形象展现在全世界面前，成为向世界讲述中国故事的精彩案例之一。云南各地政府的做法，也让世界渴望通过城市、乡村的窗口探析中国发展、中国经验。很荣幸，在此次云南亚洲象迁徙活动的国际传播中，经济日报海外平台也贡献了一分力量，并且收获不少感悟和经验。

李盛丹歌在青海省果洛藏族自治州玛多县境内的三江源国家公园采访

习近平总书记指出，讲好中国故事，传播好中国声音，展示真实、立体、全面的中国，是加强我国国际传播能力建设的重要任务。

中国故事、中国形象的构成，离不开一个个独特的地方故事、地方形象。

2020年以来，"经济日报（Economic Daily）"相继在推特（Twitter）、脸书（Facebook）、照片墙（Instagram）开设账号。作为团队初创成员，我深知从事国际传播工作不仅要具备国际化视野，更要认识到国际舆论斗争的复杂性，尊重国际传播的基本规律，从"宣传思维"向"故事思维"转变，要让中国故事"听得懂、听得进、听得信"。

近年来，经济日报编委会着力把深入宣传报道习近平经济思想作为立报之本，"践行习近平经济思想调研行"应运而生，连续推出几十套万字深度报道，产生了很大社会反响。这些正是我们对外讲述"中国经济故事"最强有力的内容支撑。我们尝试把调研报道从小切口、小故事、小角度入手，制作成文字、图片、视频相融合的新媒体产品在海外平台推广传播。无论是海南自贸港的发展建设，还是东莞的美食等作品，都在海外社交平台获得较高的关注度。

在海外社交平台，一条重庆城市街拍夜景的报道，吸引了几十万海外网友浏览、评论，这让我们发现新的突破点。想要打破海外网友对中国的刻板印象，必须要让他们"眼前一亮"。西安大唐不夜城、广州塔"小蛮腰"、成都锦里等都是在国内外享有一定知名度和关注度的地标，同时也是各地经济社会发展的缩影和标志。与经济日报驻地记者站合作，我们开设的栏目《中国新地标》受到外国网友的大量关注转发，多条传播量都在 200 万次以上。有外国网友点赞并留言："真漂亮！""我去过成都，那里的麻辣火锅真好吃！"

就是在这样一次次和海外网友的交流互动中，我感受到他们对中国的关注、了解和赞叹越来越多，而我们与他们的距离也越来越近。

李盛丹歌在第四届中国国际进口博览会采访参展企业

我要讲的另外一个故事的主角，就是冰墩墩。

它可是北京冬奥会的"顶流"选手之一，在国内外火爆流行。从谷爱凌、苏翊鸣，冰墩墩、雪容融，到无人配送餐厅、机器人调酒师，借助高科技和数字化手段，北京冬奥会不仅为全球民众带来科技感十足的视听体验，也为推动国家品牌发展创造了契机。一大批中国企业正在用创新与世界对话……

深圳优地科技研发制造的配送服务机器人，在冬奥会完成，保障后勤工作的同时，提供无接触式等科技服务。在看过我们的报道后，有外国网友留言赞叹："哇，这看起来也太酷了！它居然能自己下楼取外卖？"像他一样对中国的高科技充满好奇的外国网友还有很多，这只是我们开设 CEFront 专栏，聚焦我国"出海"优势企业的案例之一。从 2021 年 8 月起，我们把中国的高精尖科技、基础设施建设、优势企业等内容在海外传播推广，以故事化、可视化、数据化方式呈现，用最直观的方式讲述中国企业故事。自 2021 年开设栏目至今，已推出 70 余期，阅读量累计超过 6600 万次。

"向世界讲好中国经济故事"是经济日报海外平台的明确定位和目标。坚守初心，我们将一如既往地为塑造可信、可爱、可敬的中国形象而不断努力，用海外受众易于接受的语言，用心把"中国经济故事"讲给世界听！

（扫码查看更多内容）

深入一线真情采访
对外讲好中国故事

殷伟豪　中国日报社

引言

大家好，我是中国日报社记者殷伟豪。

身在对外传播一线，面对美西方某些媒体持续对我国进行各种毫无底线的污蔑和攻击，我反复思索：身为一名肩负着对外传播使命的记者，我要怎么做才能更有效地回击？

联接中外、沟通世界是我的职责，我时刻牢记肩负的使命，向世界展示真实、立体、全面的中国。

今天，我要从我镜头下的中国故事讲起。

2022年4月7日，我踏上从北京开往上海的动车。作为当天唯一前往上海的列车，车厢里人很多，每个人脸上都带着几分严肃，因为目的地上海正在艰难抗击新冠肺炎疫情，每日新增无症状感染者近5位数，这是一趟"逆行者"列车。一到上海，我立刻投入采访，第一次全副武装穿上了防护服，在上海并不凉爽的天气里，很快就全身湿透、头晕目眩；我来到社区，来到医院，第一次频繁地和确诊病患"擦肩而过"。

这些都不算什么，当我看到美西方某些媒体持续对上海各种毫无底线的污蔑和攻击，我一度充满了孤独、迷茫和痛苦。我反复思考和琢磨：作为一名肩负着对外传播使命的记者，我要怎么做才能更有效地进行回击？我想起习近平总书记对青年人的嘱托，奋斗不只是响亮的口号，而是要在做好每一件小事、完成每一项任务、履行每一项职责中见精神。

作为中国日报的记者，联接中外、沟通世界就是我的职责所在，不管多难多苦，我要坚持向世界展示真实、立体、全面的中国。我和同事一起商量思路，努力联系，来到即将开舱的四叶草方舱医院进行全球直播。我们用镜头展示一个个连续加班加点、困了就靠在墙边稍事休息的建筑工人，一张张用最快速度建成的病床，用最真实直观的方式，让世界看到援沪人员守护上海、众志成城、日夜不停的艰辛，看到"一方有难、八方支援"的中国情谊，看到中国为抗击疫情付出的不懈努力。直到现在，我都忘不掉工人们那一双双充满血丝的、疲惫的眼睛。围绕当时的舆情热点，我第一次跟着有经验的同事进了医院的"红区"，第一次从深夜到凌晨跟拍了上海120的医护人员如何工作。结束拍摄的那一刻，我从心底深深明白：一线工作有太多不易，有些艰辛甚至是外界难以想象的，必须通过我们的节目增进更多的理解。

紧扣中国日报对外的特色，我深入一线，采访跟拍了在上海的多位老外，包括给外籍人士义务当翻译的法国小姐姐，坚持在社区担任志愿者的尼泊尔小哥，在医院里坚守的法国医生……他们真切生动的故事、来回奔波的身影、淡然温暖的微笑，让这组《守"沪"的老外》系列视频获得大量海内外受众的点赞和好评，也让更多人感受到上海的温度。

殷伟豪参加上海抗击疫情报道

在对外传播一线工作，我深知在这个信息爆炸、国际局势风云变幻的时代，用我们的采访持续发出中国声音的重要性。

美西方一些媒体总是打"新疆牌"，动不动就故意抹黑和污蔑。为了以第一手的扎实内容回击和驳斥这些谣言，2021年夏天，我和报社的美籍记者一起深入南疆，站在田间地头采访，和维吾尔族兄弟姐妹"侃大山",拍出多集小视频,在中国日报全平台发布,让世界看到真实的新疆,把新疆人民的声音传递出去。

在喀什一个名叫"稻香泉"的小村子,9岁的维吾尔族小姑娘热汗古丽和我聊天后,略带羞涩地说:"我长大后也想当记者!"

殷伟豪深入新疆采访

回到北京,我常常会想起这句话,想起小女孩眼里晶莹的亮光。年仅9岁的她不一定能理解什么是真正的记者,但是我要努力成为她的榜样:仰望星光、脚踏实地、不忘初心,为讲好中国故事,传播好中国声音不懈努力。

（扫码查看更多内容）

见证海拔 8000 米上的"巅峰使命"

杨宇航　科技日报社

引言

> 　　大家好，我是来自科技日报社西藏记者站的记者杨宇航。
>
> 　　青藏高原被誉为世界屋脊、亚洲水塔，是地球第三极。探秘青藏高原的奥秘，了解巍巍珠峰的神奇，对揭示环境变化机理、促进全球生态环境保护具有重要意义。
>
> 　　"守护好世界上最后一方净土"，这是新时代青藏科考人的科学使命；记录下海拔 8000 米之上中国在地球之巅创下的多项科学考察研究新纪录，这是我们新闻人的使命。

2017 年 8 月 19 日，第二次青藏高原综合科学考察研究在拉萨启动。

2022 年 5 月，科考队员向地球之巅发起"冲顶"，我国珠峰科考首次突破 8000 米以上海拔高度，创造了新的世界纪录。

2022 年 5 月，我跟随科考队进驻珠峰科考大本营。有幸采访、见证了"巅峰使命"科考全过程、记录了这段难忘经历。

回顾那段风霜扑面的攀登征程，我随科考队员在平均海拔 5000 米的"生命禁区"爬冰卧雪，不断挑战身体的极限。一次次意外事件，让我和科考队员直面一次次生死考验。那些令我落泪的画面至今历历在目。这段经历也让我明白，每年出野外数月之久的青藏高原科考队员，长年累月面对着怎样的危险。也正是这次难得的"嵌入式"采访，让我亲历科考队员的工作与生活，体验了一次青藏高原科考队员的科考经历。

杨宇航在珠峰科考大本营现场参加"巅峰使命 –2022"珠峰联合科考

仍清楚地记得：零下 20 摄氏度，在海拔 5200 米的科考大本营，风雪夜晚我与年轻的科考队员在帐篷里"卧谈阔论"，听他讲述在海拔 7028 米的冰芯钻取点，帐篷如何被大风撕成一条一条；在营地遭遇雪崩时，是多么可怕可气又无助；还有在暴风雪中找营地找了一宿，天亮才发现，原来整夜跋涉都是在围着营地打转……是一次次挫败，不断磨炼着他们的意志和耐力。

仍清楚地记得："极目一号"Ⅲ型浮空艇5月15日到达海拔9032米的高度，并获得珠峰地区大气水汽传输和温室气体垂直变化过程等关键科学数据，创造了浮空艇大气科学观测世界纪录时，借着夕阳的余晖，我看见激动的泪水从科考队员脸上扑簌而下，此情此景，我也不禁潸然泪下。

科研过程本就充满了不确定性。有时一天的工作不会有任何收获，一次科考也往往不会带来多少有价值的发现。是的，科研并不都是成功登顶。与老一代青藏科研人员一样，今天的科考队员们，仍要在枯燥的日常工作中，为获得最终的科学突破，日复一日、年复一年地坚守。

杨宇航在日喀则市吉隆县中尼边境萨勒乡完全小学采访

青藏科考队员是胸怀祖国、献身事业的赤子，是敢于登攀、百折不挠的勇士，是侠骨柔肠、诗意远方的行者，是睿智豁达、淡泊乐观的哲人。正是他们教给我的不止科学，更让我懂得：没有比脚更长的路，没有比境界更高的山。

经过半个世纪的攀登，青藏科考队一次次登顶珠穆朗玛峰。穿越半个世纪的风雪，青藏科考队走出数十位两院院士，造就了大批活跃在青藏高原科学考察一线的中青年骨干。这支队伍终将汇成献身科研、报效祖国的千军万马，征服一座又一座科学的巅峰。

致敬青藏科考，致敬不懈攀登的科考人！

（扫码查看更多内容）

最好的纪念是传承
最高的致敬是奋进

易　欣　人民政协报社

引言

大家好，我是人民政协报社记者易欣。

身为记者，我有幸与历经风雨的老人对话，展现他们为了中华民族伟大复兴而奋斗的身影，感悟他们的家国情怀。我想通过他们的毕生追求与努力，试着弄清楚一个问题：民族复兴的追梦路，我们应该怎么走？

2021年10月，孙中山先生的曾侄孙女孙雅丽在参加纪念辛亥革命110周年大会后接受采访，对我说了这样一句话："我们要把先辈们的精神传承发扬下去，朝'振兴中华，共进大同'努力！"

什么是"振兴中华，共进大同"？当我真正踏上老一辈爱国民主人士为革命奋斗过的那片热土时，我仿佛站在近代以来跌宕起伏、波澜壮阔的一帧帧历史镜头前，真实地看到他们的身影，真切地感受到他们的家国情怀。

易欣采访十三届全国政协委员唐江澎

2021 年 11 月，我们报道组走进广西梧州李济深故居，这座青砖瓦房的四合院仍留存着他 70 年前的生活气息。站在会客厅中，我好像看到那个 15 岁写下"但令身许国，何必列王侯"的李济深；看到 3 次被蒋介石"开除党籍"仍矢志不渝促进国家统一的李济深；看到衷心拥护共产党，北上途中写下"前进！前进！努力！努力！"的李济深；看到在新中国成立后，仍愿亲赴台湾争取和平解放的李济深……

当看到他的临终手稿"我与人民宏愿在，及身要见九州同"时，我不禁与他同频共振。

追溯老先生的夙愿，我开始琢磨起李济深、郭沫若等人联合提出的人民政协第一件提案——《请以大会名义急电联合国否认国民党反动政府代表案》。在追踪式报道中，郭沫若的女儿郭平英这样问我："你知道新中国成立前，国际上开大会，中国代表团入场放什么音乐吗？"

原来，在 1949 年 4 月第一届世界拥护和平大会召开时，中国代表团就曾遭遇过 "国歌" 难题。代表团入场要奏国歌，可我们还没有，怎么办呢？代表团商议后决定：让《义勇军进行曲》临时救场！恰巧在大会期间，传来中国人民解放军占领南京的消息，布拉格会场全场沸腾，各国代表掌声、拥抱、欢呼经久不息，大家都在为新生的人民政权感到高兴。

采访中郭平英给我们翻看很多老照片，她说："新生的人民共和国面对某些西方国家的挑衅，不惧怕不退缩！永葆战斗精神，致力民族复兴！这是李济深、郭沫若等爱国人士的努力方向，也是全体中国人民的心愿。"

是的，万众一心，勇往直前。

易欣在北京市政协十三届五次会议 "我是委员" 集体采访活动中提问

2021 年，我采访了一位 104 岁的共产党员张守中，他是一位刚"转正"不久的新党员，更让人心生感慨的是他曾担任国民党高级将领杜聿明的侍从副官，104 岁的他听力下降得厉害，我的整个采访几乎是在大喊声中完成的。

在老人断断续续的回忆中，有一个细节他印象深刻。他说："1937 年国共合作，我作为汽车兵奉命为八路军总指挥朱德总司令开车。开饭时，朱总司令喊我'司机同志'，吃饭啦！"

"知道吗？朱总司令居然叫我'司机同志'！"老人不停地重复着这句话，他说，八路军的亲和让他感到意外，更觉自己受到了极大尊重，入党的想法就此在心底萌芽。

1949 年北平和平解放，张守中目睹了满目疮痍的国家获得新生，更加深了他入党的想法，但却因自己曾经的履历，迟迟不敢向组织递交入党申请书。

直到 2015 年，老人意外地收到中国人民抗日战争胜利 70 周年纪念章。回忆起那一刻，老人硬撑着身子，颤颤巍巍站起来说："党和国家没有忘掉我们这些抗战老兵！组织不在意我曾是个国民党军人！我的信心啊，又来啦！"

老人边伸手点赞边说："共产党是真的好！是真的好！"那一刻，看着老人胸前的党徽，我也忍不住落下泪来。张守中的入党梦终于在他 102 岁时成真。

我问他还有什么遗憾？老人沉默良久说："我有很多亲人和朋友都去了台湾，几十年了，我很想念他们，我很想再见一见他们……"

离开时，老人非得拉着我们在他的笔记本上留言，他说，年纪大，不记事了，平常啊，翻一翻笔记本，希望记忆能够留存久一点……

老人已于 2022 年 5 月离世，而他的遗愿就像一根刺卡在我的心头。

回望这趟"百年穿越之旅"，在波澜壮阔的民族复兴进程中，我真切地体会到：每个人都是民族复兴的追梦人！正如习近平总书记所说："实现中华民族伟大复兴，必须依靠中国人民自己的英勇奋斗。"

最好的纪念是传承，最高的致敬是奋进。我很庆幸自己是记者，因为我是记者，才有机会隔空对话先辈，激荡起自己的爱国之情，时刻提醒自己作为青年一代的担当；因为是记者，我才有机会通过镜头，展现这段历史凝聚的温暖、厚度、信仰和力量！

（扫码查看更多内容）

从"被记录者"到"记者"：
讲好故事、不负时代

张　素　中国新闻社

引言

　　大家好，我是中国新闻社记者张素。

　　1996 年到 1998 年间，我曾随父母留学日本，其间的经历被拍摄制作成纪录片《小留学生》。这部纪录片在中日两国播出后，产生广泛影响，也深刻影响我自己。像前辈们那样做一个记录时代、沟通中外的人，由此成为我的初心使命。

　　如今，我成为一名记者已有 10 个年头。10 年间，我不断增强"四力"，从体育、科技到时政，我在这些领域里记录了更多人的故事。而这些故事也教会我，什么是"小我"融入"大我"，怎样与时代同频共振。

故事一："仰望星空，脚踏实地"

2017 年底，我被推荐加入南仁东先进事迹报告团，要在报告会上以记者视角讲好南先生的故事。一遍遍整理过往素材，一次次走访先生亲友，我深刻感受到南先生对科学的爱、对祖国的爱。当年，他放弃国外优厚的待遇，毅然回国投身科学事业，最终用了 22 年时间与同伴一起把"仰望星空"的梦想变成现实。

我也最终选择以"仰望星空，脚踏实地"为题进行演讲。这 8 个字既概括了南先生的经历，也诠释了他的精神，更激励我们前行。报告会那天，当我讲到要像南先生那样"为他人、为社会、为国家乃至为了这个伟大的时代，去做些点点滴滴又实实在在的贡献"时，台下观众流着泪鼓掌。

其实，不只是南仁东先生，袁隆平、黄大年、李小文、李保国……我记录的许多中国科技工作者都是如此。他们的眼睛看得那么远，脚步又踏得这般坚实。他们践行"仰望星空、脚踏实地"这 8 个字，更将其化为伟大的精神。

伟大的时代成就了他们，使无数看似平凡的工作和生活折射出不平凡的光辉。这些群星又是如此闪耀，照亮民族复兴的伟大征程。我们将其记录下来，激励更多人坚守各自岗位、发挥自身力量，在新征程上砥砺前行。

故事二："我和你，一起向未来"

作为中国新闻社的一名记者，以报道"联接中外"是我的本职工作。这些年，我用情用力讲好中国故事，向世界展现可信、可爱、可敬的中国形象。2022 年初，我负责主持中新社《近观中国》特别策划节目，用鲜活的报道讲述习近平总书记的冬奥情缘。节目播出后不久，我收到来自海外观众的留言，称赞我"带着真实的爱国情怀，讲得清晰、到位"。

张素于北京冬奥会期间奋战在首都体育馆

　　带着这些留言，我进入北京冬奥会闭环，在首都体育馆奋战了近 20 天，记录冰上健儿的风采。我格外关注中外选手的交流互动，拍摄到中国冰舞组合王诗玥、柳鑫宇向日本花滑选手羽生结弦赠送礼物、相互拥抱致意的瞬间。这篇报道发出后，吸引了大量中外网友点赞。

北京冬奥会、冬残奥会的成功举办，不仅汇聚起实现中华民族伟大复兴的强大力量，更促进不同文明交流互鉴，向世界发出了"一起向未来"的时代强音。而在这场和平友谊、团结合作、鼓舞世界的盛会上，作为记者的我以报道为"音符"，圆梦再出发。

目睹中日运动员超越国界的友谊，那一刻，我想到自己。无论作为"记者"还是"被记录者"，我都不曾忘记职责使命，致力于记录伟大时代、讲好中国故事。

张素在庆祝中国共产党成立 100 周年大会现场

故事三：重逢日本小学校长

最后说回我自己的故事。我当年留学日本时的小学校长岩崎正已年过八旬。2021 年 8 月，我在采访东京奥运会的间隙去拜访他。车站人来人往，校长就举着用毛笔字写着"你好！张素酱！"的自制牌子来迎接我。

那天我们聊了很多，还一同顶着烈日重返学校。站在陌生又熟悉的操场，我依然记得9岁时的一天被岩崎正校长请到讲台上发言。当时我对日本小朋友说："愿我们捧起和平的鸽子，唱起和平的歌。"如今当我再一次说起这句话，校长听了很欣慰，夸我"了不起"。我们还约好，北京再见。

这段亲身经历仅是中日民间交往的一个很小的片段，作为一名"被记录者"，我的故事未完待续。作为一名"记者"，我也希望能够记录更多人的精彩故事，成就更好的我们，不负伟大的时代。

（扫码查看更多内容）

见证普通人的冬奥梦

曲欣悦　工人日报社

引言

大家好，我是工人日报社融媒体中心记者曲欣悦。

或许是"平凡的人给我最多感动"，围绕着冬奥会，许多追梦的普通劳动者走进我们的版面和镜头。他们的奋斗故事，也让我更加深刻地感受到"三亿人参与冰雪运动"如何从愿景一步步变为现实。今天，我想和大家分享一个普通人实现冬奥梦想的故事。

"我进'冰立方'服务了，今儿头一天。"这是我在2022年北京冬奥会开幕后，收到的一条来自北京首钢园运动中心制冰师刘博强的微信。

2021年初，我曾采访过他。当时，北京冬奥会进入一周年倒计时，国家队正在首钢园紧张备战，作为服务保障人员的刘博强，春节也要在这里度过。

这里的训练馆以前是老首钢的精煤车间，而这位 44 岁的制冰师也曾经是一名轧钢工。

冬奥会申办成功后，老首钢由"火"转"冰"，刘博强也主动选择转岗，从零开始学习制冰。

曲欣悦在从张家口赛区去往北京赛区的高铁上编写关于冬奥会的稿件

采访时，他带我来到训练馆旁的一条马路。为了能练好制冰中关键的打点技术，每到夜深人静，他便背起 40 多斤重的打点壶来到这里，把马路上的白实线看作冰壶赛道的中线，顺着马路来来回回地练习摆臂的手感和倒退直行的步速，通过数以万计的重复练习，让自己形成"肌肉记忆"。

那次采访的最后，我曾问道："刘师傅，您到时候会去冬奥会上服务吗？"

"我太想去了，但现在还不能确定啊！"从刘博强恳切的语气中，我听出他对登上奥运冰场的渴望。

采访虽然告一段落，但刘博强的"冬奥梦"却一直萦绕在我心头。我也一直与他保持联系，关心着他的梦想能否实现。终于，在2022年2月6日，我收到刘博强进入"冰立方"服务的好消息。

3月12日，"冰立方"的最后一项比赛——轮椅冰壶决赛结束，刘博强激动地发了一条朋友圈：恭喜中国残奥冰壶队获得金牌，我也完成了自己的梦想！

从一名轧钢工人到服务冬奥会的专业制冰师，北京冬奥会改变了刘博强的人生轨迹，也让他更加相信，一件事情，只要坚持下去、认真去做，就一定可以成功。

或许是"平凡的人给我最多感动"，围绕北京冬奥会，还有许多像刘博强一样追梦的普通劳动者走进我们的版面和镜头。

曲欣悦在地处毛乌素沙漠中的苏里格气田采访冬季天然气保供一线的工人

　　他们中，有中国第一代滑雪医生，有风洞实验室里利用科技为运动员助力的科研工作者，也有扎根在延庆赛区山沟沟里的气象预报员……聆听他们的奋斗故事，我更加深刻地感受到"三亿人参与冰雪运动"如何从愿景一步步变为现实。

　　采访中，很多人都会提到一个词——荣幸。能够将个人的成长和国家发展、国之盛事紧密联系是他们体会到的荣幸。而能够用文字和镜头记录下这些追梦人的故事，也是我作为一名时代记录者的荣幸。

（扫码查看更多内容）

山的孩子唱歌给全世界听

马宇平　中国青年报社

引言

大家好，我是中国青年报社的记者马宇平。

您还记得这个场景吗？在国家体育场鸟巢，2022年北京冬奥会开幕式上，44个中国孩子演唱了希腊语版的《奥林匹克颂》。这是奥林匹克会旗第一次在山野孩子们的歌声中升起。

今天，我要和大家分享一个来自大山的孩子们的故事。

2021年11月，我和同事随北京冬奥组委到达孩子们所在的河北省保定市阜平县城南庄镇。两年前，这里刚刚摆脱绝对贫困。

我还记得第一次见到这些孩子们的场景：学校坐落在山窝里，周围都是山。很多设施上都留着一行小字——某某单位援建。在电教室改造的排练厅里，孩子们叉着腰在做发声练习。

我们无法从互联网上检索到更多关于学校和这些孩子的介绍。登上冬奥会的舞台前，他们的名字，从未在新闻中出现过。

马宇平在中国青年报"青年人才周"分享采写经历

除了记录下属于这群孩子的奥林匹克，我还想走进他们的家庭、村庄，了解他们背后精神家园的变迁。

跟孩子们相处一周后，他们邀请我们到镇上的"新房"做客，还特别嘱咐要回他们的"老家"看看。我们好奇，这不已经是山里了吗，他们的老家在哪儿？

8岁的李隆恩出生在一个叫作"钱沟"的地方，以前上学要沿着土路翻过一座山。她问我："老师，你听过愚公移山的故事吗，我们家就在太行山里面。"

从镇上出发，我们的车在沟壑小路上颠簸了半个多小时，终于到了钱沟村。钱沟村这个地方有沟，但是没有"钱"。10 年前，这里人均可支配收入为 900 元，不及全国农村平均水平的八分之一。当地经济作物大多是红枣，枣树抗旱，通常只需定期杀虫。但有一年，连枣树都旱死了。

夏天，路不好走，人们沿着河谷底，踩着河里的石头出山。暴雨来临前，家里要提前储备好粮食、药品和水，雨一旦下起来，谷底的积水漫到大腿，人要在家里困几天。

现实里，没有愚公来移山。但过去几年里，中国在减贫中实施了一项"易地扶贫搬迁"的举措，将这些住在深山里的居民迁出。一项为此实施的 5 年计划实现了 960 多万人的迁徙。李隆恩家也在其中。2019 年，他们在镇上分到一套四室一厅的精装修房子，有 125 平方米。

脱贫了，生活水平提高了，但李隆恩妈妈最开心的是，孩子们终于走出了大山。

她说自己一生都被山困住了：那是 1999 年，20 岁的她还没结婚，去北京打工，每个月赚三四百元钱。她用赚来的钱报了西式糕点班，按照计划，她学成后会留在北京，成为高级饭店或者面包房的西点师。但没学几天，她就被亲戚喊回家，嫁进大山里，后来成了 3 个孩子的妈妈。

现在，搬进新房，孩子可以在镇上读书，还要去北京唱歌。她高兴，奋斗的劲儿更足了。她考了驾照，开着皮卡追着集市跑，卖烧饼。

每天能用掉 20 斤面粉，做 200 个烧饼，每个烧饼赚两角钱。

我们采访的另一个母亲，照顾孩子之余就在家门口的"扶贫车间"做手工活儿。工作是缝围裙的口袋，每缝一件挣 5 分钱。孩子喜欢跳舞，她和丈夫在县城给孩子报了舞蹈班，一学期的费用需要她缝 2 万个围裙口袋。她说，做父母的心都是一样的啊！

马宇平在报纸付印前校对样刊

这些从山里走出来的孩子，见过家里的苦日子，也从父母身上学到自立和自强。李隆恩上小学前就会帮父亲赶羊群，帮母亲卖烧饼。她最喜欢唱歌。在山里，唱歌能听到回声。家里的羊群，山上的山鸡、野兔和那些连绵起伏的山都是她的听众。

讲到这，可能你会感知到，去冬奥会开幕式上唱歌，对于这些孩子和家庭真是件天大的事儿。

接到北京冬奥组委通知后，老师们在5所村小选了两遍，才勉强凑齐一支两声部的合唱团。孩子们从零开始学习发声、简谱，用拼音的方式学希腊语。

他们每天要站着唱5个小时，文化课一节也没有落下。但从没有人喊过苦。其实整首《奥林匹克颂》挺难唱的，整首曲子总是升半个调再降半个调，"曲里拐弯的"，就算专业的合唱团也要反复学习和打磨。但这群孩子用记忆力记下了整首歌曲的正确发音，几乎不出错。

"我是一定要去北京的。"李隆恩对我说，每天晚上睡觉前，她都用希腊语默背整首曲子，在心里一直唱，直到睡着。

早晨6点半，我们跟着孩子们在操场跑操。天还是黑的，气温在0摄氏度左右。教学楼的外墙上，有两个特别大的灯，孩子们出操时会打开，光聚在操场上。除了锻炼身体，早操还模拟了演出时鸟巢的温度和灯光。

和所有的孩子一样，老师们也没去过鸟巢，只在网上见过图片。孩子们看完跟我说："这鸟巢和我们村树上的鸟窝真像啊！"

为了圆这群孩子的梦想，马兰小乐队的创始人邓小岚，北京退休老校长下乡支教的特级音乐教师付宝环，来自保定学院音乐与舞蹈学院、北京外国语大学、中央音乐学校的老师纷纷加入排练。

登台前两天，孩子们在鸟巢彩排时赶上升国旗的环节，44个孩子立刻站定，自觉地伸出小手向国旗敬礼。

终于到了演出那天，孩子们没化妆，小脸儿冻得红扑扑的，头戴虎头帽，脚踩虎头鞋，在全世界的瞩目下，真诚、快乐又自信地歌唱。

直播画面切到特写时，我看着镜头里的他们，眼睛有些湿润。我在心底默念出画面里每一个孩子的名字，脑海里不时闪现他们在大山里爬山、摸鱼、排练的场景。

在接受我们采访时，张艺谋导演说，这些孩子真的是传递了我们今天最好的、新时代的新面貌——人民的下一代的新面貌，是新时代中国少年儿童面向世界、面向未来的生动面貌。

从鸟窝到鸟巢，从大山到北京，告别贫穷但不鄙视贫穷，心怀期待但不自我膨胀，从2008年的独唱到今天的合唱，这正是一个关于"一起向未来"的中国故事。

（扫码查看更多内容）

坚守心中的"开山岛"

茹希佳　中国妇女报社
（全国妇联网络信息传播中心）

引言

大家好，我是来自中国妇女报社的记者茹希佳。

作为一名有着19年采编经历的中央媒体驻站记者，我在职业生涯中，记录过许多不凡的人和事。但最让我动容的，却是江苏省连云港市灌云县开山岛守岛民兵王继才、王仕花夫妇那份平凡的坚守。

王仕花，一位普通的苏北妇女，因为"和丈夫守岛32年"的感人事迹，才逐渐走入公众视野，他俩的故事通常用"王继才夫妇"概括。所以，社会上知道王继才的人多，而知道王仕花的人却很少。

2018年，王继才去世不久，他们的大女儿王苏专程陪我一起上岛采访。在颠簸的船上，王苏一路感慨，父母守岛32年，自己已记不清在家与码头之间往返了多少次，真的不敢回想在这个曾经没水没电，连植物都难以存活，像"水牢"一样的孤岛上，他们是如何坚持下来的，更难理解，父亲去世后，母亲为什么还要继续坚守。

但当踏上开山岛的那一刻，在这个面积只有两个足球场大的岛上，我切身感受到了王仕花坚守的意义。有的人会因"孤独"而放弃，有的人会因"艰辛"而退却，但有一种人会说："开山岛就是我们的家，我要守护到底。"王继才和王仕花夫妇的坚守已成为融入血液里的一种信仰——守岛，就是守国门，守岛，就是守家园。

茹希佳采访全国最美家庭——宿迁市李金娥家庭收养并精心养育两名孤儿的故事

在岛上，我随着王苏的介绍认真探寻记录；下岛后，我和王仕花在她位于燕尾港的拆迁安置房中进行面对面的交流。

王仕花说，32年前上岛，为的是陪伴，这是一位妻子最真实朴素的情感。但在和丈夫一万一千多个日日夜夜的共同守护中，经历了即将断粮、连续台风、外界失联等重重困难后，每天的日子，变成要"升旗、巡逻、查天象、看航标、记日志才觉得踏实安稳"，这个小岛，已经成为王仕花真正的"家"。

听着她朴实的语言、摸着她变形的手指、感受着她执着的坚持，那一刻，我心生感动、肃然起敬。后来，我撰写的报告文学标题"始于陪伴的守岛到底"由此而来。

茹希佳在"壮丽70年·奋斗新时代"大型主题采访调研期间
采访宿迁育美森园艺企业负责人

超越一己之私、贡献一己之力的伟大，来自一天接着一天的平凡。家与国，在王仕花的字典里，已融为一体，成为她和丈夫的共同信仰和坚定信念。有信仰，才不会迷失方向；有信念，才不会惧怕艰险。

对你我而言，我们都需要坚守好心中那座"开山岛"。

（扫码查看更多内容）

好故事激励我做一名好记者

孙海玲　农民日报社

引言

大家好，我是来自农民日报社青海记者站的孙海玲。

我曾追着凌晨五点的太阳跑过采访，也曾守着深夜的繁星赶过稿子；我曾到过海拔 4650 米的黄河源头第一家，采访那里的牧户如何守护"国之大者"，我也曾采访那些几十年如一日默默耕耘"三农"领域的科研工作者。

九年的记者生涯，我采集了很多好故事，收获了很多好故事，而这些好故事也在不断地滋养着我，激励着我。

今天，我想和大家分享两个好故事。

第一个故事的主人公叫尕玛尼斗，"80 后"的他是青海农担公司玉树分公司的副经理，一个地地道道的玉树藏族小伙。

当我拿起采访本正襟危坐采访时，他显得有些局促和不安，然而当我问起业务数据时，他却如数家珍，甚至熟知每一笔贷款担保额背后那些鲜活的人和事。

孙海玲在青海省久治县采访

这几年，在广大的农村、牧区成长起来一大批种植养殖专业合作社、家庭农牧场等新型经营主体。但因为规模小，底子薄，融资成了他们发展路上的"拦路虎"。此时，"农担"力量的介入就非常好地解决了他们成长中的"烦恼"，不仅降低了贷款利率，还为农牧民做了担保，可以说为农牧民吃了一颗"定心丸"。

尕玛尼斗知道有这么好的平台，这么好的政策后，毅然决然加入这个团队。在牧区，很多牧民群众大字不识，也不懂汉语。工作初期，尕玛尼斗整夜整夜加班，为的就是把每条政策、每一款条例都逐字逐句翻译成藏语，然后再普及给乡亲们。

黄河正源的曲麻莱县，措池村是最偏远的一个村，距离县府所在地大概有 400 多公里。那是四月的一天，曲麻莱还是冰天雪地，高原的风吹在脸上如同刀割一般，尕玛尼斗去这个村为村民办理一笔 30 万元的贷款。为了能让钱尽快落实到位，尕玛尼斗连夜出发，没想到走到半路时，大雪封路，车子爆胎，陷入沼泽。而此地，正是无人区、无信号区，尕玛尼斗选择徒步返回，等第二天天亮时找到了信号源，联系周围群众解困后，他没有休息而是选择继续出发。

牧区群众居住分散，尕玛尼斗他们的服务半径非常大，经常为了一笔几十万元贷款驻扎在草原上几天几夜。即便是条件艰苦，尕玛尼斗却从未抱怨。凭着一股韧劲，他把玉树的所有乡镇、所有村几乎都走遍了，一间不大的办公室里挂满了乡亲们送来的感谢锦旗。我问他为什么如此敬业，他的回答至今让我难忘。他说："草原养育了我，我一定要回来帮助更多的牧民群众，只要群众富起来、强起来，整个民族就能振兴。"

第二个故事的主人公名为侯生珍，是青海大学农牧学院的教授，也是青海省羊产业科技创新研发平台首席专家，更多老百姓愿意称呼他为"羊爸爸"。

孙海玲在青海省黄南州采访

藏羊产业是青海牧区主导产业之一。长期以来，存在藏羊母羊繁殖性能低下和藏羊羔羊生长发育缓慢的"卡脖子"问题。为了攻克"卡脖子"的问题，从2008年开始，侯生珍和他的团队从实际出发，开展藏羊高效养殖技术专项研究，坚持多年集智攻关，在藏羊生长的不同阶段反复进行分组试验，找到母羊最佳的补饲期，打破传统藏羊"一年一胎"的固有认知，将繁殖规律锁定"两年三产、三年五产"。

就在推广这项技术初期，侯生珍结识了牧民扎西，扎西家里十分困难，有个外孙女，一出生就被确诊为脑瘫。巨额的医疗费压得这个家庭喘不过气，但是倔强的扎西说，如果这辈子不治好外孙女的病，自己死了也闭不上眼睛。这句话刺痛了侯生珍，从那时候起，侯生珍开始盯着扎西，要把这套高效养殖的技术手把手教给他。

扎西没上过学，当初根本接受不了这项新技术。后来侯生珍不断努力，用试验数据说话，用科学说话，感动了扎西，让他慢慢接受了这种技术。扎西算了一笔账：以前300只羊，一年到头也只能挣3万元，自从运用高效养殖新技术后，他依然养殖300只羊，每年除去成本能挣20万元。这几年，他在县城买了房子，外孙女的病也得到较好的救治，从根本站不起来，到慢慢扶着栏杆站起来，开始走路。

2020年，侯生珍的这项技术荣获青海省科学技术重大贡献奖。但他仍然没有停下脚步，年近60岁的他不断在实验室和草原之间奔波，继续推广这项技术。侯生珍说，我只是一个科研工作者，没办法顾及草原上的千家万户，我只能不断推广，让科技的力量普惠更多牧民群众实现增收。

尕玛尼斗和侯生珍耕耘在不同的领域，做着不同的工作，但为农服务的初心却是一样的。作为一名"三农"领域的记者，我想只有走得远、贴得近、访得实、评得准，让我们手中的这份传播更有价值，让"好故事"传播更远，那我想，我离"好记者"就会更近。

我是孙海玲，我是一名记者，我会是一名好记者。

（扫码查看更多内容）

守护平安中国无毒世界的那些事儿

邓　君　法治日报社

引言

大家好，我是法治日报社广东记者站记者邓君。

以广东2013年"雷霆扫毒"为原型制作的电视剧《破冰行动》火上热搜，我却没有追剧。因为，从2013年广东打响雷霆扫毒"第一枪"、数千警力海陆空围剿"制毒第一村"，到如今全民禁毒格局的形成，我见证了广东毒情一路向好的过程。真实的见证与体验，让我的感受更加深刻。

2013年10月9日，广东打响"雷霆扫毒"第一枪，让号称惠东制造氯胺酮（俗称 K 粉）"开山鼻祖"的三巨头落网。那一夜，是我人生第一次跟随警方深入"毒窝"。

10月8日中午，我接到一个紧急出差任务。去哪儿？干什么？不知道。我只知道，我要失联了。

邓君参加广东省梅州市公安局客都警务小讲堂活动

一直到夜幕降临，我们才到达一个大院。来自四面八方的队伍正有序集结，即将开展一场缉毒行动，空气中弥漫着大战在即的紧张气氛。

缉毒，意味着什么？来自国家禁毒办的数据显示：仅 2010 年至 2013 年，伤亡的缉毒民警超过 1100 人，牺牲年龄平均为 41 岁。

工作以来，抓捕电信诈骗犯罪嫌疑人、清查娱乐场所等大大小小的随警作战我参加过不少，但是"缉毒"还是第一次。"什么时候行动？有没有危险？"凌晨时分，等待行动命令的我，把背包垫着脑袋尝试小憩养精蓄锐，却睡意全无。

正迷糊着，大部队集结整齐的脚步声传来。

事后我才知道，这是广东警方以惠州为主战场，在广东以及江苏、江西、云南、福建 5 省 10 地同时开展的收网行动。我正身处主战场。

凌晨 3 点，出发！

"特警组从后面包抄！"行动组组长一边安排，一边抢起破拆工具破门。当特警冲进农家小院时，一对男女犯罪嫌疑人还没来得及穿上衣服，就被民警控制住。循着浓重的味道，行动组很快找到了在后院临时建筑内的制毒工场。

眼前的场面让我震撼：几十台洗衣机摆放整齐，民警告诉我这是制毒中脱水环节使用的工具，部分制作 K 粉的原料堆放在墙角，散发着恶臭。

没有惊心动魄，没有刀光剑影，我还没来得及反应，现场就在警方周密部署下，兵不血刃稳稳地掌握了。

此时，被抓获的女性犯罪嫌疑人提出正在生理期，要求上厕所处理。由于我是行动组中唯一一名女性，出于人道主义的考虑，在民警的保护下，我把经过民警检查的贴身衣物递给了她，帮助她解决了尴尬问题。

此时，我距离这名犯罪嫌疑人不过 0.01 厘米。

害怕吗？

更多的是后怕。因为当时，她是毒枭还是毒贩，或者别的什么身份，有什么突然反应，并不明确。

这次收网，广东警方成功侦破公安部督办毒品目标专案，使惠东乃至全省制贩氯胺酮犯罪活动遭到毁灭性打击。

新闻发布会公布的数据显示，当年广东吸毒人员数量全国第一，制造毒品犯罪数量全国第一，广州取代曼谷，成为亚太地区最主要的毒品集散地、跨国(境)贩毒通道。当时，全国查获的K粉20%来自惠东地区，陆丰的冰毒产量占全国的30%以上。

邓君在广州街头采访参与平安建设的"广州街坊"

制毒、贩毒、吸毒的网络，构筑起销魂蚀骨的人间地狱。打响"雷霆扫毒"第一枪后，广东对毒品违法犯罪的围追堵截拉开新的篇章。

我先后数次跟随扫毒行动采访重点涉毒地区整治工作，参加现场禁毒宣传活动等。至今已先后4次踏入"第一制毒村"博社村，亲眼见证曾被制贩毒圈视为风向标、号称"生意做不做，关键看博社"、在村里明目张胆地张贴"不许乱扔制毒垃圾"告示牌的博社村，由乱到治的过程。

2015年，我看到，广州加强对寄递物流行业从业人员的禁毒宣传、培训，强力堵截毒品中转集散。2021年底因举报涉毒犯罪，获得18.5

万元奖励的快递小哥，正是因为有足够强的禁毒意识，在对两箱货物进行开箱验视时发现疑点，协助警方顺藤摸瓜破获了该寄递渠道涉毒案件。

2017年，我看到，佛山市禁毒委引入生活污水监测毒情，客观评价重点镇街的整治情况后，又在全市开展被动采样器毒情评估娱乐场所管控工作。2021年佛山成功创建全国禁毒示范城市，目前大力发展"枫桥经验"，树起了"功夫禁毒"的品牌……

这些为平安中国、无毒世界作出的努力和探索，都变成一篇篇来自现场的新闻报道。

一次次的随警作战中，我一边采访一边记录，把惊心动魄、冒着热气的瞬间和故事带给读者。一次次的深入采访，我越来越深刻地感受政法干警们为人民服务的初心，也更明白，作为记者，我的责任，我的使命。

（扫码查看更多内容）

为了点亮阿里

张雪霏　英大传媒集团

引言

大家好，我是英大传媒集团的记者张雪霏。

身处平均海拔 4500 米以上、被称作"世界屋脊的屋脊"的雪域高原，看到国家电网 3 万多名建设者挑战生存极限、抗冰雪战严寒，从 2019 年开始历时一年建成世界上海拔最高的输变电工程——阿里电力联网工程时，作为一名有着十多年工作经历的电力记者，我内心非常自豪，也深感责任重大，我要用镜头将他们记录下来，让更多人看见这些建设者们如何点亮这片雪域高原、点亮农牧民的生活。

"90 后"的小伙子求莫说布和同事们都戴着墨镜，在高高的铁塔上工作，看上去是不是很酷？但你能想象吗，因为缺氧，他工作时的心跳一直保持在每分钟 120 次以上，一个小时就得轮班下来休息。而且就因为吃饭时不小心摘了几分钟墨镜，强紫外线把他照成了"雪盲症"，眼睛肿得只剩一条缝。

从 2019 年开始，3 万多名像求莫说布一样的电网建设者，要用一年多的时间，在世界屋脊西藏架设起一条 1689 公里的"电力天路"——阿里电力联网工程。

张雪霏在西藏海拔 4500 米的塔位直播

我问求莫说布："工作这么苦，家里人知道吗？"他说："让爸妈担心还不如自己扛着，大家都在拼，这点苦我受得了。"这，就是奋战在雪域高原上的电网建设者。

在冈仁波齐山脚下无人区奔跑的黄小洪，是这段工程的项目经理。按他的话说，不跑不行啊，得跟老天爷抢时间。

的确，这儿上一秒还是艳阳高照，下一秒就可能狂风大雪。他告诉我们，刚挖好的基坑要是被冻上了，就挖不动了，所以黄小洪和工友们就抬来被子盖在基坑上，电暖器也连上发电机塞进了坑里。在这里，电暖器最大的作用是"暖坑"，而不是暖人。

2020年春节前夕，一场暴风雪不期而至。气温降到零下30摄氏度，雪越下越急。突然，旁边的帐篷被雪压塌了，黄小洪一声令下："人要紧！撤！"工人们顾不上危险，钻进风雪中开始装车。我们也抓起设备冲出帐篷跟拍，直到记录下最后一个工人上了救援车。

能见度不足10米，雪打在脸上像刀割，黄小洪拿着照明灯在前面探路，引导救援车一点点往前开。走了一个多小时才来到10多公里外在建的巴尔变电站，让大家逃离了死神威胁……

"80后"的黄小洪，已经在西藏待了10年。这10年，他只干了一件事——建电网。我问他："你是怎么坚持下来的？"

他说："说不难是假的，靠的还是所有人的理解和支持。我儿子快4岁了，他会眨巴着小眼睛对我说：'爸爸你要加油哦，有了电，西藏的小朋友们就能看上动画片了。'"

缺电是啥滋味，没人比益西南杰更清楚。"90后"藏族小伙益西南杰的家就在阿里，他的工作是护送运输物资的卡车。当地人说，高原上跑运输，不仅靠技术，更靠运气。

海拔5236米的孔搪拉姆山，几乎都是急弯山路，稍不留神就可能翻下悬崖。益西南杰和同事却在一天里连续翻越四次，就是为了给后面的车队提前查清路况。

英大传媒影视中心记者团队在高原冒雪拍摄

工程建设所需的设备物资总共有40万吨,分布在全国20多个省份。仅一年时间,他们的总运输距离就长达3900万公里,相当于沿着中国的边境线跑了700多圈。

我问益西南杰:"电网建成了,最想干什么?"他说:"家乡不缺电了,我最想给外婆买台洗衣机。这样她就不用在冰冷的河水里洗衣服了!"

2020年底阿里电力联网工程建成送电。10余年来,中央不断加大对西藏基础设施建设的投入力度,青藏联网、川藏联网、藏中联网、阿里联网四条"电力天路"相继建成。

这是非凡的10年,通电带来的变化,反映了群众生活的巨大变迁——

在喜马拉雅山脉南麓的玉麦乡,酥油灯收起来了,冰箱、洗衣机用了起来；

在中尼边境陈塘镇小学，孩子们过去举着手电读书，现在用上了多媒体教室；

在阿里普兰县科迦村，以前，藏戏团长达瓦洛珠每天都担心停电，现在天天晚上看着电视学新戏；

2021 年全年，阿里地区登记注册的各类企业数量同比增长 36%。

为了采访这条"天路"，我们先后有 8 批次记者深入高原，记录下一个又一个突破生命禁区、挑战生存极限的感人故事。

记得阿里联网工程接通当晚，礼花冲天，许多农牧民给建设者们献上哈达，送上青稞酒，感谢他们点亮这片土地。还是那个不眠之夜，无数建设者激动得泣不成声、不能自已。

采访中，我们都会不约而同地问一个问题："这么苦，值得吗？"

而他们的回答却也一致：不容易，但值得！

（扫码查看更多内容）

记住他们的名字

徐远震　中国石油报社

　　大家好，我是中国石油报社记者徐远震。

　　刚入职的时候，有位在基层跑了半辈子的老记者对我说："在城市，能源只是生活中的一种商品，但到了祖国的西部高原，你会知道它到底有多贵重，有时候，它甚至是拿命换来的。"

　　过去 10 年里，我奔走在祖国西部的荒漠、高原，寻找着这句话的深刻含义。

　　西藏不产一滴油、一方气，也是尚未接入天然气管网的地区。

　　党的十八大以来，为让那里的人民享受到时代发展的红利，有关部门千方百计加大对西藏的天然气供应量。管网能修到哪里就修到哪里，到不了的地方，就用气罐车一罐一罐地送。

　　郑有录是中国石油一名气罐车司机，日常工作就是把青海涩北气田采出的天然气，从格尔木送到西藏。

徐远震在新疆塔里木油田克拉 2 气田采访西气东输源头气井工作人员

2019 年春节，我跟随郑有录的气罐车全程采访。虽然此前有多次高原采访经历，但那次的恶劣条件，让我真正感受到什么叫"高原天路"。

但对郑有录来说，这都不算什么。一天经历四季变化是正常的，独自从野兽出没的无人区穿过是正常的，车辆抛锚在大雪纷飞的唐古拉山上也是正常的……

当晚 11 点，我们到达唐古拉山镇。我在镇上找了一家旅馆，刚要替司机开间房，郑有录谢绝了。他说："徐记者，我拉的是天然气，必须人不离车。"那一夜，我和他在车上聊了很久。我让他讲讲这些年。

的故事，他说"没啥值得讲的。"

从格尔木到拉萨 1100 公里，一路上，踏昆仑、翻唐古拉、穿可可西里……这条路，平常人一生都未必会走一次，但郑有录 10 年跑了 500 多个来回。

海拔 4200 多米的昆仑山口玉珠峰加油站，方圆百公里没有人烟，是青藏高原上出了名的大风口。因为恶劣的条件，站里的员工平均两到三个月便换一轮。只有站经理颜世秀，在这里撑了整整 12 年。员工走完了，他就把自己的妻子和刚结婚的大儿子从老家接来帮忙。

老颜坚守的理由很简单：这座站必须在，如果没有它的补给，很多进藏车辆无法翻过昆仑山。

老颜的大儿子悄悄告诉我，他来这里，其实是为了劝父亲下山的，但是看到过往行人和车辆对这座站的依赖，他又觉得父亲是对的，于是，自己也留了下来。

因为严重的高原反应，我的采访仓促收尾。临走时，我对老颜的大儿子说："等我下次来，一定好好写写你的故事。"

第二年，我如约再上昆仑山，见到老颜的第一句话是："老颜，你儿子呢，我要和他聊聊。"老颜沉默了，用手指向远处的一丛红柳，那是几公里之内唯一的乔木，树丛里，赫然立着一座新坟。原来，就在不久前，老颜的大儿子因为高原反应诱发肺水肿，长眠在昆仑山之巅。那年，他才 23 岁。

那是我人生中第一次感到深深的遗憾！

徐远震赴河南洪灾区作抗洪报道

加羊多杰，德令哈输气站的一名普通工人。2013年我采访他时，他的女儿阿毛刚出生不久。采访结束，他带我爬到输气站后面的一座山头，指着远处说，因为离家太远，女儿出生两个月了都没顾上回去看一眼。但是他每天下班都会爬到这座山头，在暮色中眺望家的方向。

我知道，这是加羊多杰思念孩子的方式，于是和他约定，下次来采访，一定陪他回家看女儿。

这是一个未能实现的约定。2018年7月，加羊多杰突发疾病倒在这片他工作多年的荒漠里。妻子卓玛吉一直瞒着女儿，说爸爸去天上工作了。爱的谎言是这么动人！相信在爱的谎言中长大的阿毛，也一定能明白应该怎样去追寻父亲的身影！

这些，都是我在高原采访遇到的普通人，小故事。正是他们，让我看到普通的中国人是怎么奋斗的！也让我明白，在建设世界能源强国的征程中，"能源的饭碗必须端在自己手里"这句话的深刻含义。

郑有录的气罐车载重 21 吨。就是靠着他们的天路车队，10 年间，累计向西藏送气超 3 亿立方米。如今的拉萨，年供气量从 10 年前的不足 100 万立方米提升到 5400 万立方米，彻底告别了靠烧牦牛粪取暖的时代。

老颜还在玉珠峰加油站工作，他的小儿子颜吉元在大哥去世后也加入父亲的队伍，目前已成长为一名优秀的站经理，还主动申请去了昆仑山上海拔更高、条件更艰苦的另一座站。他说，要干得更好，才对得起爸爸和哥哥的付出。10 多年时间，老颜和他的家人在昆仑山上打造出一座又一座"天路输血站"。

阿毛 9 岁了，是青海共和县城北新区学校 3 年级的学生，还当了少先队长。如今，她已经明白了爱的谎言的真正含义。而爸爸的形象也从陌生变成伟大。她在作文中写道：别人都说爸爸离开了，但我知道，爸爸并未走远，他在青海，在西藏，在每一个需要天然气的地方。

长年在高原，我也曾经历过生死考验，给身体留下了难以愈合的创伤，命虽然保住了，但医生说，这辈子，再也上不了高原！

有人问，遗憾吗？确实遗憾。但我会继续在记者这条路上坚定地走下去，去记录建设新时代的普通人，好让更多的人记住他们的名字。

（扫码查看更多内容）

听见每一个声音

李天一　北京广播电视台

引言

　　大家好，我是北京广播电视台交通广播中心记者李天一。

　　民生无小事，枝叶总关情。四季轮转，我和我的同事们始终扎根人民群众之中，感同身受地体会着群众的难处，倾听着来自群众的声音。一座天桥能配上安全畅行的电梯吗？盲道能指示清晰不被占用吗？听障朋友能独立办事吗？

　　今天请您跟我走进大街小巷，探访城市无障碍环境建设，感受一座城市的温度。

　　2021 年，我在北京市丰台区采访时遇到一对 70 多岁的老夫妇。那天是中秋节，夫妻俩想过马路去坐公交车，但是面前的一座过街天桥难住了他们。因为这座天桥两边的通道都是只有台阶，没有无障碍坡道，两部直梯也已多年不开放使用。老两口彼此搀扶着爬台阶，可是由于太过吃力，阿姨犯了低血糖症。她双腿发抖，大口喘着粗气，脑门儿上都是汗，手里攥着刚才胡乱塞进嘴里吃剩的半块月饼。

2019 年，我的同事就曾经报道过这座天桥电梯不开放的问题。这一次，我现场采访后，再次追问相关责任单位，得知此前报道的电梯已经因为设备陈旧无法维修，所以停运多年。这次看到的电梯已经是由三家公司于 2021 年共同新建的电梯。之所以没有开放使用，症结在于产权移交以及乡镇转城市化管理模式后的调整对接存在问题。好在，新电梯已通过安全验收，取得了运营许可证，在媒体的关注和督促下，产权单位和三家建设单位已经按要求提交所有移交审核材料。我想，电梯完成移交、开放使用的那天，我一定会再去看一看。

李天一在西城区兴盛胡同采访老街坊了解北京核心区街巷整治提升成果

无障碍设施从无到有是第一步，终极目标应该是足够好用。我曾多次和盲人朋友一起出行，有时我也会闭上眼睛感受盲道是否清晰连贯，却在体验过程中发现盲道被占用、指向不明、铺设不规范、维护不到位等问题依然存在，另外还有一些是出于健全人思维的"无用"铺设，导致盲道不帮"盲"。

几年前，我在采访路上，发现北京市朝阳区三里屯盈科大厦地下通道的盲道竟然是不锈钢的，虽然显得干净整洁，高级耐用，但雨天湿滑、颜色与地面接近，并不方便视障朋友寻找和使用。因为有光感的视障朋友要远多于全盲群体，所以鲜艳醒目、对比度强的盲道对他们会更友好。我的报道播出后不久，我惊喜地发现这里的盲道整体换成鲜艳的磨砂防滑涂装。相关单位迅速整改，体现了政府部门接诉即办雷厉风行的作风。

肢体不便、眼盲的残障人士比较好识别，但聋哑人却不太容易在日常生活中被察觉。不过，他们并没有被忘记。苏建新老人是北京市西城区德胜街道的一名听障居民，2022 年 3 月的一个上午，他来街道政务服务中心的听力无障碍服务台咨询医保业务。利用语音文字交互设备和线上连线手语老师，苏老先生的问题不到 5 分钟就得到解答。他用手语告诉我："不给别人添麻烦的感觉很好，自己能独立办事很高兴。"

其实，随着时代的发展，无障碍绝不仅限于地理空间的公共交通，也包括高效的信息交互。我们进入"智能化"时代，也进入老龄化社会，北京全市常住人口中 60 岁以上人口超过 441 万人，2022 年占比首次突破 20%。老年人面临的"数字鸿沟"和"智能障碍"问题值得引起广泛关注。

2021 年 1 月 6 日早上 7 点半，室外气温达到零下 14 度，一对老年夫妇在北京市朝阳区化工路边招手打车。由于手机里没有安装打车软件，老两口在路边冻了15分钟，还是没有打到车。这，绝不是个别现象。

我采访的出租车司机彭师傅印证了这一点。他每天最多能拉20单，但80%都是手机订单，乘客里有90%都是中青年人。司机张师傅也坦言，由于老年乘客大多是子女代叫车，司乘之间无法直接沟通，因此常会出现沟通不畅、长时间等待、支付障碍等问题。

为了帮助老年人迈出智能生活、出行的第一步，北京市石景山、丰台等区通过政府采购的方式，以社区为依托，落地了"金手指——老年人智能手机培训"项目，通过线上线下的方式，简单明了地讲解微信和智能手机的使用，还用较大的字体和大白话编写了使用手册。老年群体就像高铁时代的绿皮火车，虽然慢，但是不该被时代抛弃。这些针对老年人的专项服务都让我感到北京作为首善之区的善意和努力。

李天一于2020年春运首日凌晨在北京站采访首列加开的务工者专列

所谓文明，就是穿两只鞋的人能想着穿一只鞋的人。打造无障碍环境没有终点，它体现着一座城市的温度，不仅是为老年人和残障人士，更是为一切有需要的人，为每一个终将老去的人。可喜的是，从2021年11月1日起，《北京市无障碍环境建设条例》实施；2022年1月，多位市政协委员在北京市政协十三届五次会议上提出"运用质量认证手段将无障碍设施建设标准化""设立无障碍运维专项基金""推出无障碍地图"等提案；2月，上百种无障碍服务科研成果亮相，助力北京冬残奥会。北京无障碍环境建设走上快车道。

民生无小事，枝叶总关情。习近平总书记强调新闻舆论工作要坚持党性和人民性。2021年北京交通广播《交通新闻热线》栏目全年推动解决400多个交通和民生难题。2022年上半年，已播出热线调查159篇，其中156篇有答复，回复率达到98%。2021年，我收到人生中的第一面锦旗，锦旗上写"为人民办实事，做群众贴心人"，通过自己的努力，推动群众急难愁盼的问题得以解决，让我觉得"听众朋友"这四个字不再是单纯的惯用称谓，而是不能辜负的熟悉的朋友。

夏出三伏，冬跑三九，我不知疲倦地在城市的大街小巷奔波往返。牢记为民初心，不负记者职责使命，让城市总有美好在路上。

（扫码查看更多内容）

稻子熟了

苗　超　天津津云新媒体集团

引言

　　大家好，我是来自天津津云新媒体集团的摄像记者苗超。

　　摄像可不只是记录者，在践行"四力"的时候，摄像机就是我手中的笔。

　　今天我要讲的故事，是有颜色的，它是金黄的；是有味道的，它是清香的。这个故事的名字叫《稻子熟了》，是一个关于中国饭碗的故事，一个关于幸福的故事。

　　2021年，我们敬爱的袁隆平院士与世长辞，但他魂牵梦萦的耐盐碱"海水稻"却依然在祖国大地茁壮生长、造福人民。

　　从胶东半岛到西陲边疆，历时3个月，我用镜头记录下1006个瞬间，为的是寻找袁隆平爷爷的梦想，这些瞬间也变成原画，绘制出一幅长卷。今天，就给大家分享这背后的三个瞬间。

苗超在群山之中拍摄航拍，信号可能随时丢失

第一个瞬间，是一张笑脸。

她叫布合力切木，她的家乡喀什地区岳普湖县，紧邻塔克拉玛干沙漠，是世界上离海洋最远的地方。这里的土地盐碱化严重，土壤的平均含盐量超过 17‰，被视为"农业的荒漠"。她说："我从小在沙子堆里长大，门前就是一片大沙丘，怎么也想不到能与水稻产生联系。"

2018 年，这里幸运地成为全国首批盐碱地稻作改良试验基地。她第一个报了名。从此，她有了人生中第一份工作：海水稻田管理员。

她对我说："种水稻是我的事业。"她从零开始，学习插秧、水肥管理等种植方法。在她像妈妈一样的呵护下，海水稻丰收了！

连续3年面积不断扩大。她在我镜头前，用不太流利的汉语说："我现在很幸福了。"袁隆平科研团队给她埋下幸福的种子，短短3年时间，荒滩变良田；她的生活有了奔头儿！

第二个瞬间，是一段歌声。

这歌声来自克孜勒苏柯尔克孜族的群众。他们世世代代生活在海拔4500米以上的帕米尔高原，在祖国的最西端以游牧为生。从2019年，这里也开始种植海水稻。

在这儿拍摄语言不通。有一天吃完晚饭，我独自拿着相机，拍着拍着，一阵民族特色的歌声吸引了我，我赶紧挤过去，从人群中拍下这个瞬间。一位大叔手持柯尔克孜族古老的民族乐器——库姆孜，在广场上弹唱，人群自发地聚拢过来，掌声、欢呼声交织在一起，如潮涌动。

虽然我一句都听不懂，但在他的歌声中，我隐约能听出"共产党"3个字，人群中还有人戴着党徽，再加上村民们脸上洋溢的笑容，我猜测，这是一曲幸福的赞歌。我便静静地记录下这一幕。攘来熙往的人群，香喷喷的羊肉串味，好一派热闹的景象。

回到住处，翻译跟我说，他唱的是："可歌可赞新生活，感谢党的好政策，粮食多到吃不完。"

对于世世代代游牧的他们来说，有个安定的家，通过种植水稻，秋天获得丰收，孩子们衣食无忧，在广场上嬉戏玩耍，这是他们以前想都没想过的幸福。

而我，同样被眼前的美景陶醉。慕士塔格冰川下的麦田，是我这些年走南闯北拍过的最美丽的田野。稻麦两季，养活了众多柯尔克孜族人。

袁隆平团队的张立山对我说，这片田只是个缩影，我国有近 15 亿亩盐碱地，未来，"海水稻"大有可为。

第三个瞬间，是一碗米饭。

苗超拍摄快要丰收的稻田

袁隆平与天津有着深厚的渊源。早在 2005 年，袁老就来到天津的稻田，关注着"小站稻"的发展。想要振兴"小站稻"，需要有长期研究北方粳稻的专家参与，于是袁老便推荐育种专家华泽田来到天津。

采访时他对我说："每天早晨起来第一件事，就是去田里看看。"

每年，他就像候鸟一般，天冷了就从北方出发，南下育种；暖和了再回天津试种，10多年周而复始。

在袁老的指导下，华泽田将他培育的小站稻命名为"天隆优619"。如今已经通过老挝等国家认证，成为第一个走出国门的杂交粳稻品种，也是种植区域最广的杂交粳稻品种！

2021年，当华泽田带着小站稻看望袁老时，袁老用"小站稻"煮了一锅饭，一边吃，一边感叹："终于能吃到'小站稻'的好米了！"

收获的幸福不只在袁老脸上，更在万千农民脸上。我也很幸福，虽然几次在雪山修车，脚下沾满泥土，但我听到的是一粒粒种子的故事，看到的是一片片土地的希望！2022年，在全国推广种植的海水稻，将达到100万亩！

2021年5月，我们正在拍摄小站稻基地，忽闻袁老在湖南逝世的消息。小站的农民对我说："要把袁老的遗愿写在大地上。"2022年9月23日农民丰收节，在这片袁老曾经来过的稻田上，"喜迎盛会"的稻田画丰收了！

袁爷爷啊，您留下的梦想实现了：那粒粒金黄，禾下乘凉！那稻香绵长，跨越大洋！"亿亩荒滩变良田"！

我们有信心、有底气实现粮食安全的目标。滚滚金色麦浪，涌动收获希望，让14亿多中国人的饭碗牢牢端在自己手中！

（扫码查看更多内容）

唱响世界的舞台

杨亚红　河北省长城新媒体集团

引言

　　大家好，我是来自长城新媒体集团的记者杨亚红。

　　北京冬奥会开幕式上，来自河北省阜平县的 44 名山里娃用希腊语唱响《奥林匹克颂》，展现了可信、可爱、可敬的中国形象。2 分 16 秒的背后，是 79 岁老人邓小岚长达 18 年的默默坚守。她教孩子们唱歌，带着他们从山野小舞台登上冬奥大舞台，让他们的小梦想汇入国家的大梦想。尽管邓小岚离开了，但马兰的歌声依旧在山谷飘荡……

　　立春节气，在农历春节的鞭炮声中，北京冬奥会如约而至。冬奥会相遇中国年，无处不在的春节习俗和生动鲜活的中国元素，给世界留下了温暖的中国记忆。

　　2022 年，奋进的中国与奥林匹克再次温情携手，《奥林匹克颂》再次唱响在北京上空。这是开幕式的保留项目，伴随着歌声，会旗冉冉升起，展示更快、更高、更强、更团结的形象。北京冬奥会开幕式上的演唱者是我家乡的 44 个孩子，他们是刚刚摆脱贫困的孩子！

阜平，一个闪亮的名字。从 2012 年开始，在脱贫攻坚这条路上取得一个又一个成绩。邓小岚，一个把爱留在大山里的老师，让这种情感又增加了一种情怀！

4 年前，我就采访过邓奶奶，她拿出积蓄，加上亲友的帮助，辛辛苦苦筹建起了马兰花儿童声合唱团。

邓小岚是晋察冀日报史研究会原会长。2004 年退休后，她回到小时候生活过、父辈战斗过的老家。在南庄镇马兰村，她义务为学生上课，教孩子们音乐。

采访时，我印象最深的是，无论声乐还是器乐，她教的第一首歌都是《没有共产党就没有新中国》。

10 多年来，邓小岚带着一批又一批老区的孩子走出大山，到北京、上海等大城市演出，这也吸引了北京冬奥会开闭幕式主创团队的关注。

但关注并不代表成功，还需要实力！登上世界舞台，代表中国歌唱，要外语发音准，音调唱得美！

为了给观众惊喜，开幕式表演实行严格的封闭制度。孩子们在封闭训练中兴奋着，而追踪采访的我，看到的却是邓奶奶的愁容。

邓奶奶说：音准调美，她有信心。愁的是外语发音，一个是要尽快找到合适的老师，另一个是眼前这波孩子新生多，他们学音乐前，去的最远的地方就是县城。

邓小岚接受杨亚红专访

　　为了让孩子们迅速掌握外语发音，邓奶奶和老师们想到一个土办法，把希腊语的发音用汉语拼音标注起来，先让孩子们有声音上的概念，再找外语老师培训。

　　11岁的李隆恩是第一批选入合唱团的孩子。虽然音色好，但是学外语发音，她却付出了"血"的代价。训练中，老师一个音一个音地教，每天要练5个小时，可隆恩遇到咬舌音还是发不准。她心里特别着急，生怕因为这个耽误大家的整体表现。有天晚上临睡前，隆恩躺在床上拿手机录音练习了好多遍，不知不觉就睡着了。做梦都在练习发音的隆恩，一用劲把舌头咬破了。

　　采访中我问她，特别疼吧？隆恩笑着说，这点疼跟她原来上学途中摔倒相比，根本就不算什么。

过去，隆恩一家住在钱沟村，是建档立卡贫困户。每天上学要花一个多小时走 15 里路。那条路很崎岖，不知摔过多少次。在易地扶贫搬迁政策帮扶下，隆恩一家搬进镇里，住进带电梯的楼房。她也进入阜平八一小学就读，还学起了音乐。

隆恩特别珍惜这个机会，数不清咬了多少回舌头，她终于把咬舌音唱清楚了。

像这样的故事还有很多，站在 C 位的李明泽、第四排的席庆茹……正是大家的努力成就了幸福的梦想！

杨亚红在河北省阜平县采访马兰花儿童声合唱团的孩子们

虎年春节，这支来自大山里的儿童合唱团，身穿漂亮的小虎衣，脚蹬帅气的小虎靴，虎头虎脑。2 分 16 秒的时间，他们用最淳朴的歌声打动了世界，成为北京冬奥会一道靓丽的风景。这些来自中国河北山区的孩子，学习希腊语仅仅几个月！

当晚，邓奶奶幸福地说："我就知道孩子们一定能唱得好！都说咱中国小康了，可美好的生活到底什么样啊？这帮孩子站在冬奥舞台上，就是最好的回答！"

北京冬奥会、冬残奥会是新冠疫情以来首次如期举办的全球综合性体育盛会，它体现了中国人民同各国人民一道，克服各种困难挑战，共创一场载入史册奥运盛会的拼搏奋斗，展现了可信、可爱、可敬的中国形象。

而我家乡孩子们用纯美的歌声唱响世界的舞台，也成为这届冬奥会美丽的注脚，发出一起向未来的声响！

（扫码查看更多内容）

那些时时放心不下的牵挂

郝　宏　山西新闻网

引言

　　大家好，我是来自山西新闻网的记者郝宏。

　　我分享的故事发生在山西省岢岚县赵家洼村。2017年习近平总书记在山西考察时，穿越崎岖的山路，专程探望了这个只剩6户13口人的小村庄。在赵家洼，习近平总书记拉着特困户王三女的手，亲切地称呼她为"大姐"的画面，温暖了无数人。

　　2022年4月，沿着习近平总书记的足迹，我又一次来到这里。还没进村，远远地就看到曾经的帮扶干部陈福庆等在村口，他瘦了，头发也花白了。说起我和陈福庆的交情，源于一个攸关生死的故事。

　　2020年7月，我到岢岚县采访"走向我们的小康生活"（系列报道）。从我们见面，陈福庆就一直在打电话。突然，他脸色一沉，嘀咕了一声："坏了，出事了！"转身就跑。他一路小跑冲向广惠园小区，我在后面紧着追。广惠园是老乡们易地搬迁后的小区，而那一通电话是打给王三女大娘的。王大娘常年独居，每天早晨 8 点多，陈福庆都要和王大娘通个话，如果没人接，他就赶紧跑过去看看。

我们"咚咚咚"敲门，没人应声，陈福庆连忙掏出备用钥匙开门，只见大娘一动不动倒在地上，脸色发黑，嘴唇发青。我们七手八脚把大娘抬到车上，就往医院跑。医生说："肺气肿复发，很危险，再晚来 10 分钟，人，就没了！"

陈福庆告诉我，早在赵家洼时，他每天起床第一件事儿，就是看大娘家的烟囱有没有冒烟。没有冒烟，他就会朝门上喊一声："大娘，没事吧？"搬到广惠园后，这个习惯他一直保持着，只不过，每天的喊话变成了通话。没想到，这个"时时放心不下"的习惯，关键时刻，救了大娘一命。

当陈福庆为大娘的病跑前忙后时，他不知道，自己的父亲也正在送医急救。原来，就在同一天，老人骨关节病犯了，在家里突然摔倒，还是儿媳和女儿张罗着送到医院的。他爱人上夜班骑车摔破了腿，也是自己一个人包扎。这些事情，都是我和他爱人熟络后才了解到的。

后来，陈福庆问我，认不认识太原的心肺方面专家，想帮王三女大娘好好看看，我介绍山西医科大学第一附属医院的大夫给他，看病历，远程问诊，提供很多治疗和用药的建议。

由此我想，从土坯房搬进新楼房，村民们胖了也精神了，可老乡们现在的身体，究竟怎么样了呢？"要不要给乡亲们来一次全面体检？"

当我和陈福庆说出这个提议后，他一拍大腿："太好了，咱说干就干！"陈福庆开着他那辆被全村人称作"共享汽车"的二手QQ，挨家挨户送乡亲们去体检，腿脚不方便的，就搀着甚至背着上车，于是，许多生了病习惯扛一扛的村民，有了人生中第一张体检表。

郝宏重回赵家洼聆听历史与现实的故事

从广惠园到赵家洼，我拿着乡亲们的体检表蹲点7天，走访了村里40多人，联系了阳枰镇卫生院的老院长，又请省人民医院的专家分析，通过跟踪老乡们的健康指标，反映过上新生活的幸福指数。《体检表背后的赵家洼变迁》发表后，网络阅读量达到300多万次，看着满屏的点赞和留言，我猛然想起，刚入行时，前辈总挂在嘴上的那句话：

"只有用心做出来的新闻，才是有温度、有力量、有生命的新闻！"

2021 年，我在采访时，得知王三女大娘的两个智障孙儿永兴、永莉即将从特殊学校毕业，可是未来还是一片茫然！我和陈福庆找到校长，为孩子申请了留校续读，同时多方协调，为他们办好了全五保手续，让孩子们的将来也有个着落。做完这一切，当我安心地坐上返程的车时，18 岁的永莉，智力仅有一岁的女孩儿，眼里含着泪，拉住我的手喊："姐姐，好，姐姐，不走……"我的心在那一刻被融化了，瞬间破防。

从业 14 年，我走遍了山西的 58 个脱贫县，沿着习近平总书记的足迹，采写百余篇相关主题的报道；在巩固和拓展脱贫攻坚成果同乡村振兴有效衔接的过程中，我还认识了被群众锁住车轮"强留"下的第一书记张申旺；结识了被村民写请愿书、按红手印，深情挽留的王志祥、冀雪俊……

他们有的至今"不离乡土"，和老百姓成了"一家人"；有的更换工作岗位，却多次邀请我再去看看"我们村"。他们把习近平总书记的殷殷嘱托和对初心使命的坚守，转化为对群众安危冷暖、所思所盼的"时时放心不下"；我把记者的责任担当，写进了一篇篇记录时代、植根群众的新闻作品，只为让党和人民"时时放心得下"。

前几天，我联系陈福庆，问起王三女大娘的近况。他告诉我，大娘给自己买了一顶假发，还说："这个东西好，冬天戴上又好看、又保暖！"电话里，我们都笑了。

郝宏于 2019 年除夕夜采访脱贫户

小康梦、强国梦、中国梦，归根到底是老百姓的"幸福梦"。作为一名新时代的新闻工作者，我们要以"时时放心不下"的牵挂，"永远在路上"的坚持，到群众最需要的地方去。在那里，你会遇见最可爱的人，经历最震撼的事；在那里，你会看到一个民族的未来，也会遇见一个更好的自己！

（扫码查看更多内容）

小花的全球之旅

王　芸　内蒙古广播电视台

引言

　　大家好，我是来自内蒙古广播电视台的记者王芸。

　　从业 16 年，在我看来，记者的工作和旅行很像，到不一样的地方，见不一样的人，讲述不一样的故事。今天，我就给大家讲一个关于旅行的故事。

　　敖特更花，在蒙古语里的意思是"最小的花儿"。在我们那儿，认识她的人，都叫她花姐。

　　我俩 2007 年通过采访成了朋友，常打电话唠家常，她特别爱笑。2014 年春天，我接到她的电话，当时她正在新疆，电话一接通，先听到她一声叹气。这是我 7 年来第一次听到她叹气，我猜，她的新疆之行不太顺利。

　　这次去新疆，花姐特别期待。因为这是她第一次跨省旅行。原来，花姐带着 32 名工友，承包了新疆阿克苏地区的一项种树治沙工程。之前，在她的家乡内蒙古自治区鄂尔多斯市杭锦旗的库布齐沙漠，她用 7 年绿化沙漠 2 万亩，差不多是 3 万个标准篮球场的大小。她想着，都是沙漠，在家能种成，去外地也一定行，完成任务后，好好在新疆玩一圈。没想到一个月过去了，种下去的沙柳苗，没有一棵能扎根，她和队员们急了，这是大伙儿第一次离开家乡到外地种树，要是干不成就太丢脸了，哪还有心情旅游啊！

王芸采访脱贫村民

但我知道，花姐要强，她常说"苦熬不如苦干"。与沙漠较量，首先得摸透它。阿克苏地区的沙漠不好治理，是因为沙丘上有比较厚的碱。她先是把树种换成扎根力更强的红柳，之后就带着 32 名工友，一人一把改锥，天天趴在项目区里捅碱壳子。当地人说："这内蒙古来的植树队，种树怎么跟排雷似的，天天在地里捅。" 45 天的植树期，在 900 亩的项目区里，花姐硬是磨秃了 5 根改锥，手上的茧子破了几层就更别提了。

第二年开春，花姐再次动身去了新疆，这次电话里我听到了熟悉的笑声，我知道，花姐干成了。她告诉我，最开心的是，再到新疆，不少当地人都是拿着改锥欢迎他们的。可是，花姐这次植树已经升级为螺旋钻孔种植法，种一棵红柳只要 3 分钟。

有了技术支持，承包项目期的 3 年，花姐他们在阿克苏种活了 900亩红柳、600 亩沙柳和 240 亩甘草，是当地第一次成功实施的大规模人工治沙项目。

2017 年，花姐开启自己的第二次旅行，这次的目的地是西藏山南。种一棵树不容易，在西藏就更难了。当时，海拔超过 3500 米的地方，被世界上的大部分科学家认为是不适宜树木生长的地方。

这次，花姐和工友们承接了中科院的苜蓿草种植实验项目。项目区在平均海拔 3700 米的山南市，那里永久冻土层很厚，树木有效生长期每年只有两个月。刚开始的时候，最难的是要克服海拔高度带来的天气变化，好不容易背上山的苜蓿刚种好，就开始下冰雹，大家只能用棉被盖、用身体挡。一个月下来，大伙儿的头上都是大包摞小包。

花姐打电话问中科院的专家们，为什么非要在这样的地方种树？专家解释了很久，西藏是重要的水源地，花姐没太明白，只记住了一个字——水。这是她这个在沙窝子里长大的孩子最珍惜的东西，花姐团队每个人从自己的项目工资里拿出 1 万元，给整个试验田加装了保温层和防撞层，专家们找出 8 种最适宜在高海拔地区种植的树种，并在海拔 4500 米的西藏那曲种植成功，实现了世界高海拔地区种树的海拔极限突破。

也是在 2017 年，《联合国防治荒漠化公约》第十三次缔约方大会在鄂尔多斯市召开，花姐的治沙植树故事，通过这次大会被来自全世界 150 多个国家和地区的人知道。

花姐也有机会出国旅行了，沙特、迪拜、阿联酋……越来越多的地方邀请花姐去讲自己的植树经验，这是花姐以专业植树人员的身份去外国，去完成更神圣的使命。这些年来，花姐的旅行打卡点越来越多，她女儿说："妈妈，能不能给我带点儿纪念品回来呀？"花姐自豪地回答："妈妈把纪念品留在那里了，等你长大了可以去看。"

王芸在庆祝建党 100 周年大型融媒体直播《再唱赞歌给党听》中

《穿越时空的对话》作品采访现场

而作为她的好朋友，我也从记者变成了植树造林的志愿者。我发起内蒙古芸公益协会，没想到在当地有 7000 多名志愿者愿意和我一起植树。2018 年，我们在呼和浩特市清水河县种下果树，助力当地扶贫事业；2019 年，在同一地点种下沙棘，防止水土流失；2020 年，在鄂尔多斯市达拉特旗种下沙柳，防风固沙；2021 年，在大青山脚下种下樟子松，让敕勒川生态更好；2022 年，我们又走进苗木培育基地，栽下小树苗。5 年时间，我和志愿者们植树 5 万多棵。

敖特更花，是一朵小花，芸公益志愿者们是一棵棵小草，可能并不起眼，但千千万万朵小花、小草手挽着手、肩并着肩，就能十年磨一剑，让北疆换新颜。10 年间，内蒙古年均防沙治沙面积 1200 万亩，有 112 个标准足球场那么大；10 年间，内蒙古营造林 1.22 亿亩，是一个宁夏回族自治区的面积。"小花"和"小草"还把我们的经验分享到甘肃、新疆、青海、山东等全国 15 个省（区、市），以及西亚、非洲、欧洲等全世界几十个国家和地区。一朵朵来自内蒙古的小花，已经开启了自己的环球之旅，为全世界更多地方留下一片碧绿。

（扫码查看更多内容）

护花使者

王　欢　辽宁省义县融媒体中心

引言

　　大家好，我是来自义县融媒体中心的记者王欢。

　　我是土生土长的义县人，老家在义县七里河镇七里河村。我老家的扶郎花，是帮助村里 178 户建档立卡贫困户摆脱贫困、寄托广大村民实现产业兴旺梦想的致富花。扶郎花不语，但它有太多的心意要表达。今天我要讲的，就是这扶郎花和护花使者的故事。

　　2022 年 3 月的花期，老家 24 栋花卉大棚里，扶郎花如期开放。但是由于多点散发的疫情，却没有等来一辆货车，外地客商进不来，娇嫩的鲜花运不出去，看着花朵逐渐失去鲜度，花农们心里急得像火烧一样。这时，村里的老书记给我打来求助电话："王欢啊，叔想求你帮帮忙，在咱义县台广播广播，帮着老家卖卖花吧？"牵挂老家的情怀和记者的责任感告诉我，这正是父老乡亲最需要我、一名新闻工作者应当有所为的时候。撂下电话，我立刻拿起摄像机和话筒，与同事们一起奔赴花棚。

走进花棚，满地的姹紫嫣红和花农脸上的愁容形成鲜明对比，刺痛了我的心。老家的街坊王桂芬婶子一边给花套袋，一边带着哭腔和我说："欢呐，你是来买花儿的吗？哎呀这一地花儿你随便挑吧，卖不到外面儿去啦。"我依稀还记得，王婶儿家过去很穷，三间破房连一扇玻璃窗都没有，丈夫脑溢血不能下炕，她又没有能力出去挣钱，是党的扶贫政策和扶郎花产业带她走出贫困，每年能得到分红，还能在花棚里打工，一年能挣3万多元钱。扶郎花里有她过好日子的梦想。这美好的梦想不能破灭啊！想到这，我连忙说："婶儿，我今天不买花，就是来帮着卖花的。"一边说话，我一边拿起话筒开始采访，拍摄的最后我拾起一束鲜花有感而发："朋友们，疫情能够阻断销路，但阻断不了春天的到来。让我们用爱心，迎来这迟到的春花满园吧！"

王欢采访乡村振兴产业

视频一经发布，一场我自己也没有料到的爱心接力拉开了序幕，媒体人共同的理想与情怀被点燃，形成一股磅礴的爱心洪流涌向我的老家。就在我台视频播发当晚，老书记的手机铃声响个不停，买花的电话一个接着一个，老书记兴奋得一晚上没睡觉，他说有二三百人加他微信，点手机手指头都点麻了。第二天一大早，当我又来到花棚的时候，被眼前的情景惊呆了——满棚里都是人，锦州广播电台、锦州电视台、辽宁卫视等各路媒体记者，各地电商，还有直接来买花的百姓，沉寂的花棚一下子热闹起来。老书记有点蒙了，忙得团团转。王婶一个劲地跟我点赞，丫头真行。

人民网的记者得知这一消息后，在第一时间与我联系并核实情况，3月19日人民网发布《疫情影响，锦州义县30万支鲜花滞销》的消息，这条消息的阅读量很快攀升过百万次。很多网友暖心留言："农民挣钱不容易，帮忙一下，我想买几束。""转发，帮助辽宁花农渡过难关。"就在这时，一家房地产企业得知消息，慷慨解囊，拿出13万元，将30万支滞销鲜花全部买下，赠送给奋战在抗疫一线的医护人员和志愿者。一家物流公司表示：30万支鲜花的配送工作，我们免费接了，并连夜制订运输和防疫方案。辽宁省商务厅、交通厅、高速公路管理局等部门，也都积极主动加入"护花使者"的队伍。3月20日下午，满载着鲜花的货车顺利抵达沈阳。

王欢在基层作现场报道

当天，"辽宁花农30万支滞销鲜花送抵抗疫一线"的微博热搜，阅读量5514.9万次。人民日报发文《爱心传递，辽宁锦州义县三十万支鲜花售罄》，新华社发文《赠人玫瑰手有余香，30万支滞销鲜花的"爱心奇遇"》，人民网发文《三十万支鲜花的不眠之夜》。在各级媒体、社会各界的帮助下，七里河村的鲜花陆续卖出100多万支，花农的面前始终有一条绿色的"爱心通道"。省委省政府领导了解这个故事后，对我们的做法给予充分肯定和赞扬。

"互敬互爱、不畏艰难"是扶郎花的花语，更是这段护花旅程最好的注解。我已在基层的县级电视台工作22年，每当重温起这个"护花使者"的故事，暖流瞬间涌遍全身，我更加深刻地意识到自己的使命和责任。全媒体时代，我们每天都在想着怎么涨粉、怎么吸引流量，这次护花之旅，让我明白涨粉的目的是服务群众，流量应该引向人民群众的急难愁盼。

前几天，老书记又给我打来电话，说村里也学着直播卖花了。设立了花卉基地直播间，刚开播就有5000多粉丝，每天有400多份订单，销售形势越来越好。老书记请我常回家看看，帮忙出出主意。我想说，只要老家的扶郎花产业越来越兴旺，乡亲们的日子越来越好，我愿意永远做扎根山乡的"护花使者"。

知道我今天来北京参加比赛，花农们特意给我送来新采摘的扶郎花，美丽开放的扶郎花，每一朵里，都藏着花农的千言万语，我把它献给花农们最想感谢的、最可敬的媒体人！献给这充满人间大爱的新时代。

（扫码查看更多内容）

八里坡上种希望

吴沫奇　吉林省白山市新闻传媒中心

引言

　　大家好，我是来自白山市新闻传媒中心的记者吴沫奇。

　　在吉林省，有一枚奖章非常有分量，它就是全国"最美公务员"一等功奖章，全省只有一枚。今天，我想带大家认识一下它的主人，我们跟踪采访了五年的吉林省白山市江源区石人镇老岭村原驻村第一书记——宋宣葶。

　　2015 年，脱贫攻坚战刚一打响，宋宣葶就主动请缨去往白山市江源区最偏僻的老岭村担任第一书记。刚踏进村子，她就开始发愁：这个村人口外流，78% 的常住人口是 60 岁以上老人，加上地处山区，人均耕地少，村里有能力的都出去打工，剩下的都是老弱病残。到任后第一件事儿，宋宣葶就走访村里的所有建档贫困户，这一走她更愁了。

　　我第一次采访宋宣葶时，她说："我刚来的时候，村民们可以说是愿意穷、爱穷，就是觉得我穷我就有政策，我穷我就有低保，我穷我什么都有，什么都不用管。这个思想咱当时花了近一年时间（才扭转）。"

那天我采访的由头就是听说"穷名在外"的老岭村竟然来了孔雀。宋宣葶当时自信地跟我说，养孔雀投资少、见效快、利润高，养好了那肯定是致富鸟。但村民们却认为这个更适合坐办公室的女书记简直在瞎胡闹，这又不是动物园，养孔雀怎么赚钱？面对村民质疑，宋宣葶心一横自掏16000多元购买孔雀种苗，还接来父母帮忙饲养，给村民打样儿。很快，老岭村迎来了第一窝孔雀蛋，孵出了新种苗，宋宣葶无偿分给边缘户养殖。当第一批商品孔雀换回近万元的收入时，村民们彻底服了这位宋书记，开始死心塌地地跟着她种豆角、种榛子、种人参，养蜂、养牛、养梅花鹿，生产规模逐年扩大，农产品更是远销10多个城市，老岭村八里坡成了名副其实的"聚宝盆"。

我再次去采访脱贫阶段性成果时，隔着大老远就冲宋宣葶竖起了大拇指。她笑吟吟地说："这才刚开始，我们还要搞乡村旅游，把我见过最美的春夏秋冬给卖出去！"老岭村原生态风景保存得极好，宋宣葶洽谈了多家文旅企业和美术院校，引入八里坡文化园，打造大学生写生和摄影采风基地。当餐饮、住宿、露营等项目陆续推出后，八里坡热闹起来。节假日期间文化园里的日均客流量达1000多人次，八里坡文化园成了乡村旅游的金字招牌，还能给村民提供40多个就业岗位。仅用3年，宋宣葶就带领着老岭村生生蹚出一条致富路，于2018年脱贫出列。

我发信息恭喜宋宣葶出色完成任务，可以多分些时间给孩子了。她回道，得趁热打铁，乡村振兴继续干！就这样，她在是陪着上高中的儿子爬坡还是陪着老岭村爬坡的选择题里选择了后者。她说，她争取在孩子高考前带着老岭村再往上爬一步，之后就好好歇歇，陪陪老人和孩子。但我没想到，她却是因为生病才不得不停下来歇一歇。

吴沫奇下乡采访脱贫攻坚工作

2020 年 11 月，宋宣葶被查出宫颈癌晚期。村民们这时才恍然大悟，宋书记为什么时常在深夜疼得大声呻吟，又为什么总是用手捂着肚子……一些村民止不住地泪流，一个自己泡在苦水里的人却拼命地把他们从生活的苦和穷里拉出来。转到长春治疗的宋宣葶仍在联系各方为村里安路灯。而老岭村的村民也在家里争抢着选出几名代表带着老母鸡和特产去看望他们思念的宋书记。在这样的"双向奔赴"里，村民们盼奇迹，而宋宣葶则想在最后的时光里再为老岭村做力所能及的宣传。

2021 年底，全国最美公务员发布仪式如期举行，宋宣葶却因病情恶化无法参加。我们去医院时，看到宋宣葶已经消瘦到只有 60 多斤，但她还是尽力端坐，郑重又激动地接过荣誉奖章，眼里有光。那一天，她似乎知道此次一别难有再见，用尽力气跟我们说了很多话。她说，乡村振兴的 5 年是老岭村最有希望发展的 5 年，她特别希望能跟乡亲们一起再拼 5 年。她总是梦到自己还在村里，醒来后虽然失落但却放心，因为她的战友一定会接续奋斗，让那里的枫林花海变作不尽财富……

一个月之后，46 岁的宋宣葶离开了我们。

我跟她相识于盛夏，那时她豪情满怀地向我们展望老岭村的未来。她说："3 年之后，你们再来八里坡，会看到一个崭新的八里坡老岭村。"

我们又相别于寒冬，那时她眼含泪水，无奈地向我们诉说她的不舍和遗憾。她说："我非常非常地想健康起来，能重新回去，和那些信任我的村民一起真正做到乡村振兴。"

7 月中旬，已经成为知名旅游村的老岭村八里坡承办了首届长白山乡村旅游节。我去采访时看到村口的萱草花已经尽数开放。我想起宋宣葶曾说她最喜欢萱草，因为它挺立自拔，生命力强。即使花落，也能滋养一片泥土，延续万物生的希望，在我看来，就像她一样。

当地村民怀念地说："老岭村这些村民都挺想她的，因为她确实给办了实事儿。"还有的村民给我们看他烙的煎饼，说："咱这文化园都用我的煎饼，宋书记还为我打开销路，咱也往外地发，比以前强多了，不用像以前出去卖了。"

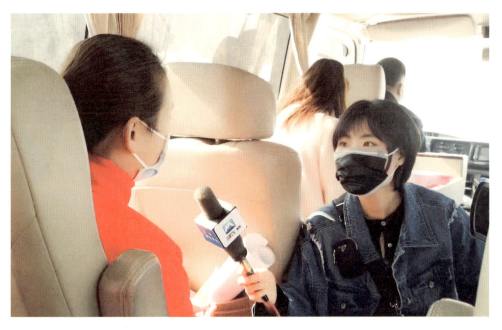

白山市首批援鄂医疗队完成 70 天支援任务，
吴沫奇在医疗队统一休整点迎接白衣天使回家

宋宣葶在八里坡种下的希望种子终于破土而出，绽放光芒。她的接棒者带着乡亲们继续奔跑在乡村振兴的赶考路上。这些最基层、最普通的共产党员被信仰串在一起，一步接着一步走，一代接着一代干，改变了一座座山村的气质，也重塑了一批批农民的风貌。作为这场乡村振兴"接力赛"的记录者，我的使命就是让他们放心干，我们如是说，用新闻去真实呈现和传递这群人身上那宁可燃烧自己，也要照亮前方的坚定力量！

（扫码查看更多内容）

一个人 一座城

邓 杨 黑龙江广播电视台

引言

　　大家好，我叫邓杨，来自黑龙江广播电视台。

　　十年的一线工作，我在广阔的黑龙江大地上采访过近千位嘉宾，有一个名字常常出现在他人口中。在他人的讲述中，他的面孔在我的脑海里越发清晰，他的声音仿佛在我耳边倾诉，他成了我最熟悉的人，遗憾的是，我并没有见过他。

　　在短道速滑奥运冠军范可新心中，她的教练是一位把边境煤城变为冬奥之乡的幕后英雄——七台河市短道速滑"奠基人"孟庆余。

　　2022年1月，带着敬意，我和节目组来到七台河市采访，寻找和孟教练有关的一切，这是一次寻"孟"之行。

　　我们先来到七台河市冰上体育事业的起点——灯光球场。在这里，我采访到孟教练的第一批队员，现在也是七台河短道速滑教练员的赵小兵。她感慨道："现在的孩子赶上了好时候，有条件好的训练馆，有大面积的冰场。39年前，露天都没有一块儿好冰。"那会儿，孟教练带着小队员们在冰冻的倭肯河面上练，在城郊封冻的"水泡子"上练。刺骨的冷啊！天然冰场有缝隙，小队员们容易受伤。几经辗转，孟教练就带着小队员们来到这废弃的球场。没有冰场怎么办？孟教练干了件特别了不起的事，自制浇冰车：他找来一个大铁桶，能装一吨的水，把桶焊在爬犁上，每天凌晨两点起床，裹上棉大衣，拉起铁爬犁到远处取水。摇晃时溅出来的水落在孟教练的身上，瞬间就成了冰碴儿。我是一个地道的湖南人，在采访中见识过零下三四十度寒风呼啸的东北凌晨有多冷，一个哈欠，睫毛就上了霜。可想而知，一场冰浇下来，两三个小时，孟教练早就成了个"冰人"。冰碴在他身上裹成了厚厚的冰甲，摸上去梆梆硬，走路哗啦作响，脱衣服都得先用木棍敲打，脱下来的衣服都能立在冰面上。这一浇就是34年。直到2013年底，七台河室内冰场投入使用，冬季教练在室外浇冰成为历史。但是孟教练浇冰的故事，永远被大家铭记，因为正是他的这股子韧劲儿和拼劲儿，打通了七台河通向世界的冰雪之路。

在七台河短道速滑馆，站在"冠军之路"这面墙前，我被深深地震撼了。上面挂着的是几百双运动员们用旧、用破的冰刀鞋和轮滑鞋。第二排从右数第五双鞋，就是冬奥冠军范可新的。范可新一家四口人就靠修鞋维生，一双专业冰刀鞋2500元，是他们一家4口一年的生活费。孟教练自掏腰包，买了冰刀鞋交到范可新手里，对她说："啥也别想，好好滑，滑出好成绩改变家里的生活条件。滑出好成绩，把金牌带回来！"此时范可新不知道的是，孟教练脚上那双鞋才2元钱，穿了3年了。

孟教练经常对人念叨："这些苗子不一定都能成材，但好苗子一定不能毁在我手里。"

邓杨在地下管道井作业现场采访全国"五一劳动奖章"获得者清掏工人荀笑红

"老孟啊，就是这样的人，什么都为了他的这帮队员们。"跟我说这话的，是孟教练的妻子韩平云。从 1984 年开始，孟教练每年都要带队员们去哈尔滨冰上训练基地训练，一年有 10 个月不在家。有一次，孟教练因临时有事赶往哈尔滨，没想到这期间妻儿突然遭遇煤气中毒，昏迷不醒。赶回七台河后，这个铁打的硬汉再也撑不住了，扑在病床上痛哭："平云、东子，我回来了，你们快睁睁眼睛。我对不起你们，我不是个好丈夫不是个好爸爸……"可就在他们娘儿俩苏醒的第二天，孟教练又连夜赶回哈尔滨继续训练。采访时，我问韩阿姨"您怪他吗"，韩阿姨说："一开始，真委屈啊，也怪过他，怪他爱冰和小队员胜过我和儿子。可是后来看到他的队员们得奖，他高兴的样子，他眼睛放光的样子，我一下就理解了他，那些苦也化成了甜，一切都是值得的！"

邓杨在牡丹江穆棱镇杨木桥林场采访2019"中国最美乡村医生"周雅杰

正当队员们的好成绩纷至沓来时，噩耗传来。2006年8月2日，孟教练在送队员去哈尔滨训练的路上遭遇车祸，不幸去世。走的时候，他身上还挂着秒表，带着一双没有修好的冰刀。清理遗物时，韩阿姨打开孟教练留下的一个上锁的柜子，所有人都沉默了，里面除了修冰刀的工具、运动服、记录队员们日常训练的笔记本，再无他物！

此刻，如果有一个面对面采访的机会，我也想问孟教练："当年，您的选择后悔吗？您的心愿都实现了吗？"我想，奖牌榜上的数字就是答案，而在 2022 年北京冬奥会上，伴着一次又一次奏响的中华人民共和国国歌，一次又一次响起的"gold medal winner from China"播报音告诉我们答案。孟教练，您所培养的优秀队员们一个个叱咤冰场，打造真正的王者之师。他们正以信念的红、冰雪的白，让中国 3 亿人上冰雪成为现实！身为一名传媒人，我将继续用心用情，记录中国故事，见证时代风云，传递中国声音。孟教练，您看：龙江冰雪正燃烧，中国冰雪未完待续。

（扫码查看更多内容）

跨越 65 天云相伴，

方舱医院里的"蛤蜊电台"

肖　波　上海广播电视台

引言

　　大家好，我是来自上海广播电视台东方广播中心的节目制作人肖波。

　　2022 年 3 月，新冠疫情突袭上海，很多人因为疫情告别家人朋友，按下生活的暂停键，来到方舱和隔离点。医生问，专业的广播人能否为特殊时期处于特殊空间和心境的方舱人提供专业支持？"民有所呼，我有所应"，广播人立刻行动起来，通过音波送去"向上的力量"，为方舱铺下了温暖的情绪底色。

　　2022 年 3 月 29 日，带队入驻世博方舱隔离点的仁济医院党委书记郑军华和《直通 990》节目直播连线，接受主持人高嵩访谈时他透露了一个心愿：方舱内有广播系统，如果专业的广播人能为方舱定制节目，一定会让患者感受到亲切和力量。这个想法让我们很兴奋，这不是正好能发挥广播人的优势，共同抗击疫情吗？

　　然而方舱内的设备无法实现和广播直播联动，当时 40 多位同事驻扎在广播大厦，人员紧缺，居家的同事们又苦于没有录音棚。困难重重，压力巨大，怎么办？方舱医患的心愿，我们又做不到听而不闻。中心领导当机立断，还是要打造一个以"方舱人"为特定对象的专属电台。

　　当天下午，高嵩和我抓紧录制，不到 9 个小时，傍晚 6 点，"蛤蜊电台"第一期节目在世博中心隔离点播出。同事李军和邬佳丽当天深夜 2 点多发来 30 日要播出的节目时，我又感动又心疼，他们白天还要上班。是的，一旦上线，每天 2 小时节目就不能断供。各频率迅速拿出爱心排片表，主持人、编辑积极响应，志愿公益节目得到专业化、制度化的团队保障，我们也更有底气了。

肖波在上海市文明办年度"为志愿加油"现场分享爱心校服漂流项目

告别家人朋友，来方舱这个陌生的环境，患者和医生想听什么？什么样的内容适合这里？中心领导和总编办带领大家反复斟酌沟通，定下节目主基调是温暖舒缓、轻松愉悦。这个特殊电台将为有需要的"方舱人"化解难题，陪他们度过隔离点的日子，期待春暖花开。

之后的节目，大多由居家办公的同事们制作，大伙儿克服困难，脑洞大开。经典 947 的虞莉娅、洪韵把被窝、汽车变成花式录音棚。五星体育雅东、张瑶、秋安送上健身妙招。随着方舱小患者的出现，孙畅、鸣鸣、李柯专门制作了儿童节目。戏曲广播张源准备了相声、经典唱段等。动感 101 克里斯和汪恺、loveradio 卢卡斯和杨永清，细心地把王牌栏目纳入蛤蜊电台，希望即使有粉丝来到方舱，依然能找回寻常的感觉。上广李欣、宇皓，交通频率布冉主动举手志愿做节目。"蛤蜊电台"的影响力随着期数的增加不断扩大，著名作家陈丹燕主动联系我们，为"方舱人"朗读充满生命色彩的童话作品。播音员主持人们更是用坚定、温暖的声音，陪伴他们守望春天。

方舱的医生们，个个超级忙，作为项目对接人，我在努力优化项目的同时，精简沟通，尽量不去打扰他们。但我总能收到医生们主动发来的消息——华山医院茅善华医生说，他是临港方舱"蛤蜊电台"台长，感谢这段时间的节目，质量很高；仁济医院秦俊医生说，午餐时病人们听到节目，看起来吃饭也更津津有味了；国家会展中心方舱吴荔荔医生说，在手机上听到"蛤蜊电台"，好听又感动，希望节目进入方舱；曙光医院更是邀请我们合作专属曙光蛤蜊电台节目，并为定点医院的老龄患者购买收音设备，方便他们收听节目……音波流转带来春日的气息，这也正是"蛤蜊电台"希望为方舱铺下的温暖底色。这些反馈让我们相信，在安抚"方舱人"的情绪方面，也许节目真的能够帮上一些忙。

"蛤蜊电台"还受到人民日报、新华社、中央广播电视总台、上观、文汇报等 10 多家媒体的采访。在整个疫情封控期间，"蛤蜊电台"的广播音从世博一个点，逐渐拓展到国展中心、临港、长兴岛等 9 个方舱医院和隔离点。通过独立广播、阿基米德 App 线上专辑、定点医院扫码收听等途径，"蛤蜊电台"在 60 多天的时间覆盖超过 600 万受众。

肖波在上海电台防疫服务热线节目导播间接听市民求助电话

　　方舱里的故事，通过广播直播，剪辑入"蛤蜊电台"，形成方舱内外的互通。徐先生致电广播热线，帮她在方舱的妻子申请胰岛素，通过"蛤蜊电台"很快解决了用药需求；奚先生通过"蛤蜊电台"点赞瑞金医院医生，帮他找到失联的老父亲；在世博方舱 8 岁的小孙通过"蛤蜊电台"招募"云同桌"，很快有 3 个年龄相仿的孩子应聘，小孙出院后，擅长钢琴和古筝的一对云同桌合奏一曲《我和我的祖国》；长兴岛方舱的一名初三学生希望拥有一张上网课的小板凳，"蛤蜊电台"帮她实现了"方舱自习室"……

　　医生和患者之间的互动、方舱内外的情感交流，这些故事都让我们觉得在忙碌的本职工作外，花时间花精力在这件事上，值得！

　　可以说，这是个一开张，我们就希望它早日"收声大吉"的电台。但是，只要它存在一天，我们就愿意努力为"方舱人"带去一点点心情的亮色。

　　给心情充充电，为自己加加油。守望相助、共克时艰，成就了战"疫"暖心广播。广播人以专业特长服务方舱医患、以责任担当践行向上力量，进行一次线上线下多媒体融合的创新探索，彰显特殊时期的媒体价值与社会担当。

（扫码查看更多内容）

一束光，点亮万家灯火

张轶涵　江苏省扬州广播电视台

引言

　　大家好，我是扬州广播电视台的记者张轶涵。

　　我曾见过满满一抽屉的存折，那是 150 多位村民交给一名农电工代管的，却从没有一个村民让他打过收条。这位农电工是党的二十大代表、江苏扬州仪征市沿江村滨江供电所运维采集班的副班长周维忠。聋哑人殷洪在外打工，请他为家人定期提取生活费，卞荣华行动不便托他代缴水电费，留守老人的养老钱也托付给他……

　　4 年前，第一次采访周维忠时，我只是一个刚入职的新人，而他已经是头顶"中国好人"等多个光环的"老典型"了。可当我真正走近他，他眉眼间的笑融化了一切，就像我在老家田埂上见到的伯伯。我特别好奇，一个普通农电工，靠什么赢得乡亲们的如此信任？村上的人说："在沿江村你可以随便去问，没人不了解周维忠。"

第一户，我们来到唐永富家。破裂的墙壁、漏光的屋顶、堆满的杂物，让我和同事很震惊。唐永富向我们诉说着生活的艰辛：自己眼睛看不见，妻子、儿子都有智力障碍。1998年的夏天，周维忠第一次敲开这个家的门，拖欠3个多月电费的唐永富无奈地说："要不，就把电停了吧。"可周维忠知道，这个家的电不能停，为了能让老唐安心用电，周维忠撒了一个谎："老唐，家里有困难可以享受国家用电减免政策。"回忆着当年的情景，老唐红着眼睛说："钱我是真的拿不出，可我没想到，从那往后，我家的电费都是他帮我交的。"就这样，从1家帮到16家，24年里，光交电费一项，周维忠就无偿垫付了10多万元。

让周维忠放心不下的还有老唐的儿子久亮，剪指甲、洗头发、洗澡，逢年过节还给他买一身新衣裳，慢慢地，小久亮管周维忠叫起了"电爸爸"。

张轶涵在江苏仪征沿江村采访党的二十大代表周维忠

在五保户桂德久家，老人反复向我念叨："要不是小忠子，我都死了三回了！每次都是他发现我生病，把我往医院送。"老桂住的房子是周维忠掏钱修的，吃的药是周维忠买的，家里的米、面、油、肉也是周维忠送的。

2019年正月十三，是扬州传统习俗中的"上灯节"，老桂家格外热闹，周维忠给从来没过过生日的桂德久操办了一场80岁寿宴，把远亲近邻都请来祝贺。从此，大家才知道，原来老桂还有这么一个"儿子"。

有人说周维忠是大好人，也有人说周维忠太傻！他的女儿周莉和我都是"90后"，她说，小时候总觉得爸爸对自己还不如一个外人，家里的肉都被唐久亮吃了。作为一个农电工，周维忠的工资也才千把块钱，这些年垫付电费，照料困难户，还有一家老小，日子早已捉襟见肘。为了生计，周莉的妈妈苏俊琴不得不在女儿5岁时远赴东北打工，在浴室帮人搓背补贴家用，一去就是13年。搓一个背挣7元钱，为了省钱，过年都不回家，只有农忙时回来一个礼拜。说起这些，周莉眼泛泪花，她说："我理解爸爸，可我也心疼我妈。"记得有一次妈妈在电话里哭着说："你又不是大老板，挣的血汗钱有多少拿回了家？"

这些年，周维忠出钱又出力，很多人问他图什么，就没想过放弃吗？我也问过他。他说："自己苦过，穷过，是乡亲们培养我当上农电工。现在能帮人家就帮一把。大家信我，我就要对得起这份信任！"

"放弃，想过。因为真的太难了，还连累家人一起吃苦。可我怎么能放弃？怎么会放弃？要是我不管老唐他们，我这辈子都不会安心。"说这些时，周维忠的眼神温柔而又坚定。好在，现在他的家人都支持他。

2020 年 12 月连淮扬镇高铁全线贯通，张轶涵在扬州东站直播连线

　　老周亏欠了家人，却从未亏欠过一个服务对象。他的手机号成了
"365 天乘 24 小时"的服务热线，每次见他，他都有接不完的电话。
同事问我，怎么那么爱去沿江村？因为每一次和周维忠走在乡村的田
埂上，我都觉得特别踏实，我在记录他，他在感动我。他用行动告诉
我如何做人，如何对待工作，如何有一分光发一分热，为百姓服务。

　　这些年，乡亲们早已把周维忠当成家里人，周维忠也从一个人变
成一支队伍。以他名字命名的"周维忠党员志愿服务队"成立了，12
名队员和他一起，将"电费减免政策"默默执行了下去。而我也成了
一名"编外"志愿者，利用自己的特长和优势为乡亲们服务。当初的
一束光，变成了一团火，温暖着整个沿江村。

　　2021 年 11 月 5 日，我在《新闻联播》里看到老周的身影，站在

习近平总书记身后那位憨厚的中年汉子就是周维忠，他被授予"全国助人为乐模范"。我和同事采访制作的周维忠的故事也登上了央视新闻节目。

载誉归来后，老周又有了一个新的身份——沿江村第一书记。肩负起乡村振兴路上的更多责任和使命。

2022 年 6 月，周维忠光荣当选党的二十大代表，他第一时间和我分享了这个喜讯。特别巧的是，那一天也是我向党组织递交入党申请的日子。一束光，点亮万家灯火，也照亮了我脚下的路。迎着光，走在新闻工作者践行"四力"的道路上，我也将步履不停，踏石留印！

（扫码查看更多内容）

划火柴的人

张馨予　浙江省宁波广播电视集团

引言

　　大家好，我是来自宁波广播电视集团的记者张馨予。

　　今天，我要讲的是一个发生在浙江宁波，关于"艺术赋能村民，村民振兴乡村"的故事。这个故事，我和我的团队进行了两年多的跟踪报道，见证了村民们从怀疑、对抗，到信任、依赖的转变。

　　我们的节目《丛志强：划火柴的人》记录了丛志强老师让村民站在乡村建设的舞台中央的故事，展现了用艺术激发乡村振兴中村民内生动力的意义。

　　"石头是从河里捡来的，毛竹是从我山上去砍的。"

　　2019年12月，来自宁海葛家村的10位农民，登上了中国人民大学艺术学院的悲鸿讲堂，给师生们上了一堂特殊的专业课。

　　中国人民大学艺术学院学生刘佳音说："他们的一些实践对我们有

更多的灵感和启发。"中国人民大学农业与农村发展学院副教授黄波评价："村民给我们带来了中国传统文化、传统乡村艺术的一种灵感的激活。"而主讲人葛家村村民葛三军感慨道："到人民大学来，我是做梦也没想到的。"

这也是中国人民大学建校以来，第一次有农民登上讲坛。这些农民到底有何过人之处？

张馨予采访中国人民大学副教授丛志强

故事还要从 2019 年的春天讲起。当时，中国人民大学艺术学院副教授丛志强，带着 3 名研究生，到葛家村进行"艺术赋能村民 村民振兴乡村"的课题研究。

作为曾经在宁海工作过的记者。我对偏僻的葛家村太熟悉了，这里虽然地处东部沿海发达地区，但是村舍零乱，房屋陈旧，人口稀少，实在无法想象，它能和艺术搭上边。我还记得村民葛万永有个非常形象的比喻："他们是天上的云，我们是地上的土，根本没关系。"有这想法的，可不止他一个。当丛老师满腔热情在台上给村民讲解如何用艺术设计改变村庄，下面有聊天的、玩手机的、哄孩子的，乱得像个菜市场。还有村民觉得，他就是打着艺术的幌子来骗钱的。一个大学教授，居然被当成骗子。我以为他会被气跑。不！他反而挨家挨户地串门拉家常。村民问得最多的是：艺术设计有啥用？能赚钱吗？

得做个有用的东西给大家看看！他和村里的几个泥瓦匠，在村口的大樟树下，用从河里捡来的石头，从山上砍来的毛竹，垒了一个人字形的长椅，能坐能躺，特别舒服。村民们都高兴地叫它"人大椅"。原来艺术设计这么简单啊！就地取材，就能做出好看又实用的东西。村民们的兴趣来了。葛万永第一个找上丛老师，帮忙设计庭院。本来就是泥瓦匠的他，自己动手，没几天，院子焕然一新：古朴的小路铺上了石子，旧坛子里种了花，桂花树下有长椅。葛万永坐在桂花树下对我说："可别小瞧了这点设计，每天有好几拨人参观呐！"这一看一瞧不打紧，却把艺术的种子散开了。

村民叶仙绒家有不少老家具，丛志强指导她建了一个乡村美术馆。于是，祖上留下来的旧床、旧椅、旧箱子都派上了用场，儿子孙子写的书法也挂上了，这些过去的"废品"，摇身一变成了宝贝。目不识丁的叶仙绒做梦也没想到，自己有一天还当上了馆长。

蹲点时我们发现，叶仙绒的邻居看到隔壁的变化，也坐不住了。但家门口的一块几平方的玉米地，却让他犯了难。这是叶仙绒家的自留地，因为这块地，两家人闹过矛盾，20多年都没说话。可听说邻居要打造美丽庭院，叶仙绒主动把这块地让给邻居。原来艺术不仅美化了空间，也让邻里变得和睦。

村里还将闲置地块整理出来，在丛老师的指导下，打造公共空间。效果立竿见影，粉小仙艺术馆、和美院、四君子院等几十个艺术庭院粉墨登场，成功出圈。村里为此举办了三届艺术节，给150多位村民颁发了乡建艺术家证书。

农民变成了艺术家，庭院变成了景点，葛家村变成远近闻名的"艺术村""网红村"，每年吸引几万名游客进村打卡。游客多了，生意就来了。有人办起了酒吧，有人开起了民宿，可以在家门口创业就业，乡亲们的致富路越走越宽。

其他地方的干部群众慕名而来，边看边问：本地人用本地材料挖掘本地文化，这种艺术振兴乡村的模式能推广吗？丛老师他们又做了个实验。

张馨予在贵州省定汪村采访丛志强团队

2020 年 11 月，我在贵州省晴隆县定汪村遇到丛志强时，他正带领 13 名葛家村乡建艺术家，手把手地把艺术的种子播撒进布依族群众的心里。这个古老的村寨很快发生了翻天覆地的变化：村里为留守儿童建起未来书院，为巧妇绣娘打造织梦坊，第一家民宿顺利开张，第一个酒吧开门营业。面对脱贫之后的新生活，他们充满信心。这次在定汪村，我发现都是葛家村的村民带着定汪村的人在干，我问他们是不是故意的，丛老师说：对！就是要把更多的权利和机会交给老百姓自己，让村民成为乡村振兴的主角。我问他在这个过程中扮演了什么角色？丛老师说，他只是一个划火柴的人，把村民巨大的能量点燃了。

如今，丛志强的成果已经推广到全国 50 多个村庄，村里的能工巧匠经过艺术滋养，成为扎根农村的乡建艺术家。越来越多的高校师生也加入"艺术振兴乡村"的大课题。

两年多的采访、调研，让我有了更深的感悟：乡村振兴路径众多，但无论走哪一条，都要抓住激发村民内生动力这一关键。村民内生动力一旦充分激发，就能汇聚成持久推进乡村发展的巨大能量。这正是丛老师团队带给我们最宝贵的启示，也是艺术振兴乡村的魅力所在。

丛志强的课题实践，正是中国乡村振兴的一个缩影，我们期待能够有更多像丛志强一样"划火柴的人"，点亮复兴之路。

（扫码查看更多内容）

田野守望者

吴　言　安徽广播电视台

引言

　　大家好，我是安徽广播电视台记者吴言。

　　从为袁隆平院士做解说的那一刻起，我就确立了人生道路的选择：和田野守望者们同向同行！作为新时代"三农"记者，最幸福的事就是扎根沃野，感受一代代农人的坚守和热爱，见证和记录乡村振兴征途上的宏伟图景！

　　"徐老，我做记者 10 年，您当农民多少年了？"

　　"我现在 69 岁了，（种地）50 年了。"

　　"那打算再干多少年呢？"

　　"再干 30 年没问题啊！"

　　我采访的这位老人叫徐淙祥，是一位种粮大户。今年，他收到了一封特别的回信，回信人是习近平总书记。

　　我问徐老，收到习近平总书记的回信是什么心情？这位和土地打了大半辈子交道、身板依旧笔直的皖北老农脸上的皱纹舒展开来，洪亮的声音在田野上回荡："那是特别激动！我们作为农民，作为中国农民，谁不高兴呢！"

　　徐淙祥记得，几十年前，乡亲们忙活一整年，小麦亩产也就三四百斤，大豆亩产更是不到百斤，填饱肚子都难。因为长期营养不良，他大伯不到 50 岁就去世了。也就是在那时，他从书上看到，农业发达的国家，小麦亩产都能超过 1000 斤……为啥都在一个地球上，我们的产量就上不去？他决定，要扎根田野，种好小麦，改变这种落后的局面。那一年，19 岁的徐淙祥决定做一个"麦田守望者"。

吴言采访太和县种粮大户徐淙祥

从此，50余载，三代人，只干一件事：多种粮，种好粮！为帮上更多的乡亲们，徐淙祥带头推广新品种小麦，建立合作社，还花心思把多年的种植经验总结成简单易懂的顺口溜，编成一本小册子，免费送给大家。几十年来，他推广的农业新技术、新成果接近200项，新品种的小麦平均亩产已达一千七八百斤，"皖北麦王"的名号由此传开。当年那个倔强的小伙子在田野上立下的宏愿，终于成了现实。

徐老对田野满满的爱，让我想起了远在重庆的爸爸，一位年过五旬、返乡创业的倔老头。2021年，我正在阜阳采访时，突然接到我妈的电话，说我爸在村里翻修辣椒仓库时，从五米高的房顶摔下来，要紧急开颅。

那一刻，我眼泪一下出来了，恨不得赶紧飞回去，但是耳机里传来了导播的声音："直播马上开始，准备好了吗？"

我用力把眼泪憋回去，坚定回复："准备好了！"

等我赶到医院，爸爸的手术已经做完了，他看到我的第一句话是："幺儿，莫哭。爸爸没得事，爸爸还可以种海椒。"

因为种过田，爸爸看不得土地荒着，放弃了退休后城市里舒服的生活，回村带着大家干起了辣椒厂，生意越做越红火。有一次，我和朋友去吃火锅，一口就尝出来，辣椒是老家的石柱红，我打电话给爸爸，他骄傲地笑着说："对头，我们的辣椒卖到合肥啦，巴适！"

这一瞬间，爸爸的身影和我们在江淮大地上结识的无数个身影重合起来：有把青春和生命留在黄土地上的全国脱贫攻坚先进个人、生如夏花的扶贫干部李夏；有践行铮铮誓言"只要咱村一户不脱贫，我坚决不撤岗"的金寨县大湾村第一书记余静；有同在乡村一线，将村子打造成明星村、模范村的助村夫妻姜亮、李科蕾……

作为农业记者，我认识了这片田野上许许多多可爱的人，而和这份职业的真正结缘，则是来自"袁嗲嗲"。

10多年前，我还在西南大学念书时，袁隆平院士回母校参观，我有幸作为学生代表，为袁老讲解校史展览。一见到袁老，我由衷地喊了声："袁嗲嗲好！"袁老笑着应声："哎，好！好！"温暖的笑容，暖到了我心里。

吴言为袁隆平院士讲解校史展览

在校史馆里，袁老和我们分享当年求学时的故事——那个扎根最偏僻的乡野，做着禾下乘凉梦，希望每一粒稻米足足有花生那么大的年轻人，正一步一步为着家国梦而努力。就是在那一刻，我感受到他的坚定，他的热爱。那我呢？我能做些什么？我决定——到田野中去，记录他们的身影，讲述他们的故事！

在这次采访中，我又一次看到袁老和徐淙祥的合影，是徐淙祥的孙子徐旭东拿给我看的照片，他跟我说，爷爷这一代为了国家农业发展作出那么多贡献，自己很想像爷爷一样，做农民中的"顶流"。大学毕业后，徐旭东选择回到家乡，参加小麦高产攻关，这是最让徐淙祥高兴的事。"咱农民的事业，后继有人了！"说这话时，徐老的眉眼间满是欣慰。

从业以来，我和同事们一起跑遍江淮大地上大大小小的村庄，和田野守望者们同向同行。我们见证了人类减贫史上的奇迹，我们记录着乡村振兴的伟业，用脚步丈量窄窄的田埂，用镜头记录田野上的坚守与奋斗、不舍和热爱。

今后，我将一直守望，因为，这就是我作为一名人民记者的使命，沾泥带露的使命！

（扫码查看更多内容）

同心同行　台湾回家

陈赫男　福建省广播影视集团

引言

　　大家好，我是福建省广播影视集团东南卫视记者陈赫男，长期从事赴台驻点报道工作。

　　2019 年，在第十一届海峡论坛上，来自台湾的媒体人黄智贤说："台湾人当然百分之百是中国人，我们这一代要把台湾带回家。"台湾要回家。这是来自宝岛的声音，这是同胞的呼声。祖国必须统一，也必然统一。我们这一代人，一定会把台湾带回家。

　　从事对台、涉台报道 15 年，我和同事们见证着两岸关系发展的起起伏伏。我们看到的是两岸同胞之间越走越亲，越走越近。

　　可是，前进的道路并非一马平川。

　　2016 年，台湾民进党当局上台，满口"民主进步"的他们不顾台湾的民心、民意，倒行逆施。修改教科书，篡改祖宗历史；勾结外国人，搞起"以台制华";威胁、迫害台湾同胞,用公权力打压异己。

2019年,在第十一届海峡论坛上,来自台湾的媒体人黄智贤说了这样一番话:"台湾人当然百分之百是中国人,我们这一代要把台湾带回家。"

可就在论坛发言后的第三天,夜里10点多钟,黄智贤通过微信给我发来信息。她说,台湾"陆委会"要用刑事罪来对付她,但是,她不怕,要战就来战。回到台湾后,黄智贤所主持的节目,因为莫须有的原因被暂停、被取消。她不得不去找寻新的摄影棚、新的制作团队,一切从头再来。

陈赫男在台湾参与现场报道

得知消息后，我和同事们立刻邀请她进行专访。请她说一说对于祖国的情感、对于统一的渴望，以及在回到台湾后，所遭遇到的那些不公对待。

黄智贤说，她主持的这个节目迟早会被弄掉，她知道。但是，只要有一分钟的节目，她就要把真相告诉所有她所在乎的观众，告诉所有的中国人。

2010 年，我第一次到台湾开展驻点采访工作。从那时开始，我总是在想，2300 万台湾同胞真正需要的是什么？一路走来，在两岸间数十次的往返中，在与台湾同胞无数次的交流中，我看到，台湾同胞们的未来在统一，他们的归宿在祖国，他们的发展在统一，他们的根就是祖国。

2022 年，在采访刚刚获得"四川青年五四奖章"的台湾同胞林书任的时候，我问了他这样一个问题：从台湾来到四川的大凉山，你最大的感受是什么？他想了想回答，他不觉得自己是在大凉山的山村里，因为他正在实现的是家园的共同富裕。他说，在祖国大陆，这里有美丽的绿水青山，有广阔的市场机遇，可以助力每个人梦想成真。

从 2011 年开始，林书任与父亲林春福就扎根在四川的大凉山，已经整整 11 年里。靠着这对台胞父子带来的油橄榄产业，当地 3800 多户农民脱贫奔小康。可其实啊，乡亲们一开始也都很犹豫。台湾来的外乡人他们不熟悉，这油橄榄他们没见过，谁都不敢把土地拿出来。林春福说，他懂，土地就是乡亲们的生命，如果他的这个产业在这里没做起来，到时候拍拍屁股一走了之，乡亲们会很麻烦的。在当地政府的帮助下，林家父子一户一户地走，一家一家地说，用真心、用真情打动了乡亲们。11年的时间过去了，油橄榄种植园的规模从一开始的600亩地已经扩大到了2500多亩，6800多户农民的人均纯收入因此整整增加3倍之多。

当地的彝族乡亲们，用一种很特别的方式感谢林家父子。他们给生产出来的特级初榨橄榄油起了一个彝族名字：木都哈尼。在彝族语里，木都哈尼是火焰的意思。乡亲们说，林家父子的到来，给大凉山里的人们带来了火种，带来了希望。

看着他们的笑脸，看着一片连着一片的油橄榄，我在这篇采访的最后写下了这样一句话：两岸同心，其利断金，只要是两岸同胞共同携手，没有什么事是我们办不到的。

陈赫男在台湾参与现场报道

两岸中国人是同胞情，是血脉情，是兄弟情，是亲情，当然还有爱情。

2012年，来自台湾的小伙曾冠颖在海峡论坛的活动上认识了来自福建漳州的姑娘张文娟。共通的闽南语和相似的生活习惯，以及对于创业共同的热情，让两个人走到一起。作为朋友，作为记者，我看着他们俩从两个人变成一家人，从两口子变成一家三口。作为"过来人"的曾冠颖说，两岸有"三通"，而在他看来，这跨越海峡的婚姻就是那"第四通"。他有一个愿望，刻在一方福建寿山石雕刻的印章上——"两岸同心"。他说，等到和平统一后，他要把这方印章送给那个时候的第一对两岸新人，要祝福他们。

那么，这一天会远吗？

冠颖和文娟看着一旁已经5岁的儿子，笑着说，台湾总要回家的。

15年来，我和我的同事们记录着两岸同胞之间所结下的良缘。台湾同胞在祖国大陆的这片土地上找到了实现梦想的舞台，他们在这里感受到两岸同胞一家亲的热切感情。

两岸关系好，台湾才会好。两岸同胞当同心同行、携手打拼，锲而不舍、驰而不息。祖国必须统一，也必然统一。我们这一代人，一定会把台湾带回家。

（扫码查看更多内容）

一方炉火，传递爱的温暖

钟智瑶　江西广播电视台

引言

大家好，我是江西广播电视台记者钟智瑶。

这是一对平凡夫妇 19 年为癌症病患提供炉火的爱心故事。小小的厨房像一处港湾，患者及家属不仅可以借火炒菜，还可以把在病房里不敢说的话，不能表达的情绪，在这里倾诉释放、相互慰藉。年复一年，炉火，像星星之火，点亮了万千病人的希望之光，汇聚起更广阔的爱心海洋。

在江西省肿瘤医院旁的一条小巷，有一家露天厨房，从早到晚，炒菜声、切菜声和外地口音在这里缭绕，很少有清静的时候。万佐成和熊庚香是这个厨房的主人，老两口已年过六旬，每天早上 4 点多就起来准备炉火，等候来借火炒菜的病患家属。在这 2 米多宽的巷子里，万佐成和熊庚香从壮年待到了白头，坚持为癌症病患提供炒菜炉火，陪伴他们燃起生活的希望。

万佐成告诉我，第一次来借火的是一个小男孩，10多岁的样子，白净可爱。那是2003年的冬天，男孩的父母推着他找到正在巷口炸油条的万佐成，想借他的炉子炒个菜。原来，男孩得了骨癌，就在旁边的肿瘤医院治病，离家久了，想吃一口妈妈做的菜。看着一家人请求的眼神，万佐成赶紧拿出锅铲等器具，把炉火交给了这家人。临走时，万佐成还告诉孩子，想吃妈妈炒的菜就到我这里来，方便。自那以后，早点铺可以借火炒菜的消息，在肿瘤医院一下子就传开了。于是越来越多的病人家属前来借火，他们为了吃上一口家的味道，端着饭盒排上两个小时的队，也愿意等这一方炉火。

万佐成和熊庚香怎么也没想到，病患们是如此需要一方普通的炉火。在一声声的感谢中，夫妻俩决定再买些炉具，缩短大家排队等候的时间。于是，在这间小小的厨房里，炉具越摆越满，来借火的人越来越多，后来他们干脆把油条摊子撤了，让所有的地方都摆上了炉具。

这些年，我们多次到厨房蹲点采访，记录下很多炒菜的面孔：给孩子做饭的妈妈，给妻子做饭的丈夫，给父母做饭的子女……这个厨房就像一方小小的港湾，他们不仅在这里借火炒菜，更可以把在病房里不敢说的话、不能表达的情绪，在这里倾诉释放，相互慰藉。万佐成和熊庚香总是默默地备好炉火，守望相助，坚定患者及家属的抗癌信心！这一守，就是19年。

为了尽量照顾到所有病人的需要，万佐成和熊庚香每天都是早起晚睡。常去做饭的病人家属不好意思，找到夫妇俩说要付钱。万佐成就定了炒一个菜 5 角钱的价格。这个价格一直维持到 2016 年，因为各种费用都上涨，才涨到 1 元钱。他们花光了早些年炸油条攒下的积蓄，甚至把子女每个月给的生活费往里倒贴。而老两口自己，穿着邻居给的旧衣裳，用着捡来的旧家具，到现在还租住在厨房楼上 20 平方米的小屋。四季枯荣，但爱心厨房的烟火，从未熄灭。我时常想，他们的内心有着怎样的力量，能支撑他们一往无前。我问他们，家里这样的情况，为什么会一直坚持。老两口却觉得自己并没有做什么。熊庚香说，看到病患们那么难，就是想帮帮他们，就觉着这炉子烧起来了，火就不能灭。

钟智瑶在"走进县城看发展"直播报道现场

这些年，有人花高薪请老两口去做早点，他们一一谢绝；每年除夕夜，全家人团聚的时间仅有几个小时，他们就要匆匆赶回，只为了让在医院里过年的病人也能吃上可口的年夜饭；甚至"感动中国2020年度人物"的颁奖典礼，他们都没有到现场领奖，因为他们担心离开的这些日子，病人没有地方炒菜热饭。

这是我采访路上记录的一对平凡夫妻，他们是千千万万中国人中最普通的一对。我们的报道推出后，万佐成、熊庚香乐于助人的事迹广为人知，许多人悄悄地送来食用油、大米和菜，不愿留下姓名；当地政府出资给厨房装雨棚、添设施，补贴房屋租金；还有来帮忙的义工、志愿者……献爱心的人越来越多，爱心厨房的炉火越烧越旺。

在厨房的一角，泛黄的留言本里留下一个又一个的名字和电话号码，看着字字句句满满的感谢，我禁不住眼眶湿润。按着留下的电话号码一个一个拨出去，我欣喜地发现从爱心厨房走出去的病人和家属也正在传递爱的温暖。患宫颈癌的唐美秀病情好转，在村里帮着照顾生活困难的孤寡老人；夏火龙照顾妻子走完生命最后一程，留在医院做了一名义工；张建平因为肺癌去世，他的爱人接下了他开的小旅馆，有困难的，都免费。

当一方炉火，像星星之火，点亮万千病人的希望之光，汇聚起更大的爱心海洋时，我仿佛读懂了万佐成和熊庚香的那一份幸福。2021年11月，万佐成、熊庚香当选第八届全国道德模范。他们的故事使更多人对平凡、善良、乐观、坚忍、奉献的中国面孔留下深深的烙印。

钟智瑶在抗洪抢险为"孤岛"搭桥现场

　　我是一名"90后",从事新闻采访工作5年时间,江西100个县(市、区),我走过其中的89个。当我看到各地创造的非凡成就,当我面对普通生活里的众多感动,当我发现平凡人身上的闪亮光芒,我感到何其有幸,能成为一名新时代的新闻记者。这也让我更坚定地践行习近平总书记的嘱托:俯下身、沉下心,察实情、动真情。去坚守初心使命,为党立言,为人民发声;去握紧手中的话筒,记录平凡英雄,讴歌伟大时代。

(扫码查看更多内容)

美丽的海又回来了

杨成龙　山东广播电视台

引言

　　大家好，我是山东广播电视台记者杨成龙。

　　文生于情，情生于身之所历。在长岛一年多的拍摄中，我见过很多人不曾见到的风景，也吃过苦、流过汗、晕过船，但这是一辈子都难以忘怀的美好时光。我爱长岛的银涛雪浪，我更爱长岛人的勇敢坚强。长岛很小，但她像一滴水，折射出我们的美丽中国。

　　朝看黄海日出，暮赏渤海夕照，春迎东游海豹，秋送南迁候鸟。怎么样？很美吧！2021年8月，我开始拍摄纪录片《长山列岛》时，海岛人这样给自己打广告：如果人间有仙境，那一定是长岛的样子。

　　但是，今天这仙境可是来之不易。

　　孔庆海是一个土生土长的胶东汉子。在养殖码头上，他给我们讲了长岛的故事。

大海就是渔民的粮仓。孔大哥说，小时候，他的父辈出海，一网下去就能捞起两船鱼。1992年，长岛县成为中国首批、山东首个小康县。那时候，家家有彩电，大海像取之不尽的宝库，给渔民带来无尽的富足与荣耀。

但是，谁也没想到，由于过度捕捞，大海也会枯竭。

孔大哥没有赶上捕鱼的黄金年代，却赶上了养殖的白银年代。长岛人养海带、养扇贝、养海参鲍鱼，日子照样过得红红火火。然而，人们毫无节制地高密度养殖，遍布岸滩的育苗场又将废水、废料直接排进大海，长岛的生态环境急剧恶化，养殖的海珍品大面积死亡。曾经无比慷慨的大海，又无情地夺走了他们的富庶。

杨成龙在长岛采访

海荒了、岛穷了，大家也迷茫了。

党的十八大以来，绿色发展理念逐渐深入人心，有关部门着手建设海洋生态文明综合试验区。然而，生态牌并非一打就灵，它要求必须摒弃以牺牲海洋生态换取经济增长的做法，彻底转型。这条路能走得通吗？

腾退近海养殖区是第一步。但养殖是大伙儿的命根子呀，要想让他们放弃近海，改往远海，谈何容易。孔大哥激动地说，当时根本就想不通，美有啥用，美能当饭吃吗？是啊！挣钱、吃饭！这个千古以来都需要面对的问题，摆到大家面前。

养殖业有句俗语，穿着拖鞋进去，穿着皮鞋出来，但前提是不能发生任何意外。孔庆海所在的北长山岛北城村，干养殖的有130多户，以前他们在岸边养殖，一年收入几十万元。现在，海岸线一公里以内的养殖区都要拆掉，转移到远海，投资大，风险高，弯子确实很难转。

为了提升大家的积极性，相关部门出台补助措施，主动拆除养殖区的，每亩最高补助上万元，如果扩大养殖，还能得到二三十万元的无息贷款。几年下来，近海养殖区拆除了，海悄悄变蓝了，远海养殖的效益也上来了。到了海蛎子收获的季节，我再次见到孔大哥。他高兴地说，2022年又是个大丰收。远海养殖虽然辛苦，但水质好，没有了污染，海蛎子长得特别大。从他的笑容里，我看到丰收的喜悦。

从索取到保护，长岛实行了最严格的生态环境保护制度。200多艘大马力渔船报废拆解，甚至连最大的老船厂也关了。这家船厂有着62年的历史，高峰期一年能修造600多艘船，是长岛渔业辉煌时期的见证者。

杨成龙在长岛采访

　　我清楚地记得，听说船厂要拆了，73岁的全国劳模赵金兰和当年的姐妹们冒着风雪来到船厂，一定要再看一眼她们奋斗了一辈子的地方。站在熟悉的机床前，赵金兰骄傲地说："我加工的零件能精确到一根头发丝的十分之一。"他们拼搏过、创造过，当时代的需要和他们的利益发生矛盾的时候，他们无怨无悔地选择了牺牲和奉献。

　　近海腾退，美丽的海岸线回来了。

减少捕捞渔船，大海里的鱼虾回来了。

污染企业退出海岛，蓝天碧海回来了。

在这里，"山、水、林、海、城"被视为一个生命共同体。长岛人不再只是靠海吃海的索取者，而是爱海护海的守护者，他们在海里投鱼礁、种海草、修复海底生态。他们还建起现代化的海洋牧场，迈进耕海牧渔的新天地。

纪录片的本质是记录。

它很辛苦。一年里，我们踏遍长山列岛100多个岛屿，我们在无人岛打地铺、喝凉水，过得像个野人。

它要体验。跟着渔民深夜一两点出海，别看只有六七米长的小木船，遇上风浪我们也吐得肝肠寸断。

但我欣慰的是，用纪实影像的画面和娓娓道来的讲述，记录了新时代中国人民的奋进和幸福，记录了新时代中国社会的发展和变化！我想我们也是媒体闯海人。

长岛很小，但她像一滴水，折射出我们的美丽中国。更青的山、更蓝的海、更美的画卷，我会继续记录！

（扫码查看更多内容）

一粒"米"的成长

董 娉 河南日报社

引言

大家好，我是来自河南日报社的记者董娉。我当记者18年，其中12年都在跟高铁打交道，每一个重要时刻我都在现场。

2022年6月20日，一个普通的星期一，但对于中国高铁建设来说是一个好日子。随着郑州至濮阳高铁的开通，河南在全国率先建成"米"字形高铁网，迈入"市市通高铁"时代。

当天上午10时许，我和同事乘坐从郑州东站前往濮阳的首发列车做采访。完成工作后，我坐下来翻看起自己的手机相册，不禁陷入回忆。从"点"到"一"，再到"十"，最后到"米"，我与高铁一路相伴。

2010年，河南的第一条高铁——郑州到西安段通车了，"米"字高铁建设落下第一笔。那也是我第一次坐高铁。

贴地飞行的速度、硬币不倒的平稳、减速玻璃的神奇，现在回忆起来我都还是那么兴奋和激动。当时陪着我一起坐高铁的，还有一位特殊乘客，那就是我还没出生的儿子。

紧接着，从 2012 年开始，"米"字高铁建设全面提速。郑州至石家庄段通车，京广高铁全线贯通，"米"字画上挺拔的"一竖"；郑太高铁郑州到焦作段开通，"米"字再添"一点"；郑州到徐州通车，徐兰高铁全线贯通，"米"字又写下苍劲坚实的一横，也就在那一年，我的女儿出生了。

董娉在济郑高铁濮郑段对联调联试工作进行采访

2019 年，郑州到襄阳和阜阳两条高铁开通，"米"字再次增添"一撒"和"一捺"。通车那天，我就带着姥姥、母亲和女儿，"四代闺女"第一次坐着高铁回老家。

在车上，聊起坐火车的感受，四代人都有深刻的记忆。姥姥 90 多岁了，拥挤的绿皮车是最深的回忆；70 多岁的母亲总提红色的快速列车，因为那是她第一次感受到快；我从工作就开始坐动车，朝发夕至是我的感受；而我的女儿俨然是复兴号的"老乘客"了！我们聊着天，不知不觉，娘家已经到了！

这次经历让我对怎么做新闻有了新的视角。我一定要多采访那些时代的亲历者，讲他们的故事。因为祖国伟大的发展变化，他们有更深的切身体会。

郑州局郭洪涛和郭宇朔是一对父子。2019 年春节，郭家父子搭档值乘从郑州开往武汉的高铁。那是儿子郭宇朔的第一次春运，却是父亲郭洪涛参与的最后一个春运。这次采访我陪着他们父子俩在列车上过了年，也看着他们一家三口在站台上匆匆忙忙吃了一顿团圆饭。妈妈生怕儿子吃不饱，一个劲地往他嘴里塞饺子。临分别时，郭宇朔的爷爷打来电话。老人家是家中第一代火车司机，开着绿皮车跑了几十年京广线，如今，就想看看大孙子开高铁的模样。郭宇朔冲着电话喊："爷爷，新年好啊！下次我带您坐复兴号到处转转，感受一下咱的中国速度！"爷爷、父亲、孙子，我看到他们隔空团聚的喜悦！

这就是 10 年来，我采访报道过的普通人和中国列车的小故事。

天地之中，河南的"米"字高铁网慢慢成长，它打通了国家"八纵八横"高铁网的部分断点，推动全国一张网的建设进程。然而更让我感受深刻的是：在这条路上，列车不仅跑得远、跑得快，还跑进了人心。因为采访时每个人幸福的笑脸，就是最好的答案。

2022年，郑渝高铁也全线贯通。这个暑假，我带着一双儿女，第一次坐着高铁去重庆。列车一会儿穿越隧道，一会儿驶过桥梁，让两个孩子异常兴奋。

女儿盯着黑乎乎的车窗问："妈妈，我怎么觉得坐的不是高铁，是地铁呢？"我告诉她，这的确是一条"地铁式"高铁，更是一项令世界惊叹的工程奇迹，因为这条线路几乎全是桥梁和隧道，咱河南和湖北、重庆一起用了12年才建好。从此，郑州到重庆，实现了蜀道千里一日还。

董娉在郑州机场采访国际航班货运保供

我还告诉她：十年间，妈妈见证了一粒"米"茁壮成长，复兴号创造高铁交会时速世界纪录；见证了"空中丝路"做大做强，"陆上丝路"越跑越快，"海上丝路"无缝衔接，"网上丝路"买卖全球……

当河南乃至全国正在被"中国速度"变小的时候，像我这样亿万百姓的家国梦想正逐渐变大。如今，在广袤的祖国大地上，铁路密布、高铁飞驰，"复兴号"承载着砥砺前行的奋斗脚步，让"流动的中国"更加生机勃勃。

作为一名新闻工作者，我的职业生涯能够与家乡的发展同频共振，我很骄傲，也很自豪。

"米"字初建成，儿女正长大，中原更出彩，民族在复兴，一切都充满了朝气和希望。而我将继续带着责任和使命，与祖国同行、与时代共进。

（扫码查看更多内容）

幸福新起点

郝晋辉　湖北广播电视台

引言

　　大家好，我是湖北广播电视台记者郝晋辉。

　　把广大农村建设成农民幸福生活的美好家园。2013 年 7 月 22 日，习近平总书记在湖北省鄂州市长港镇峒山村，留下了这样的寄语。从此小乡村发生了翻天覆地的变化。

　　这七年里，我一直都在峒山村，和村子一起奋斗，一起成长，用小小的镜头记录了这个伟大的时代，记录了"乡村振兴"下中国农村发生的巨变，记录了党的十八大以来，以习近平同志为核心的党中央领导人民创造的不朽功勋和民族复兴的伟大征程！

　　峒山村是 20 世纪五六十年代兴建的国营农场，土地广阔，河湖纵横。2015 年我随着湖北广播电视台"记者走基层"大型采访活动第一次来这里时，最深的感受是：村里的年轻人大多外出打工，村里千亩土地荒芜，仅靠传统农业"望天收"。

当时的村支书陈又胜跟我说，那时真的很难。大家都想挣快钱，都想致富。可是富不起来，留不住人，只好去外乡打工！

怎么让村民们富起来呢？采访中，我看到陈又胜坚毅的眼神。他们想到把鱼和米结合在一起，也就是种水稻加上养小龙虾！

当时，陈又胜带着几个村干部到外地学习"虾稻共生"技术。可是回来之后，跟村民们说破了嘴，也没有几个人信！的确，面对陌生的技术，村民们谁会把自己来年的命运留给这不熟悉的致富经呢？村干部自掏腰包，在500亩试验田里将小龙虾和水稻混合种养。9个月后，小龙虾卖出好价钱。村民心服口服，一个接一个地到村委会咨询种养技术。

又赶上小龙虾收获的季节，我再次来到峒山村，段保学师傅成为当年的"虾王"。他告诉我，一个小龙虾丰收季下来，收入就达30万元。"虾稻共生"成功了，村两委还带领村民开发"虾莲共生"技术，水上有莲，水下有虾。一个虾农告诉我，如今，全国各地的餐桌上都有来自峒山的小龙虾！这个说法可能有点夸张，但他自豪的眼神中，闪烁着摆脱贫困的幸福！

越来越多的村民加入养虾的行列，回村创业的人也越来越多了。采访中，陈又胜掰着手指头给我算，2013年，村里70%的劳动力在外打工，留守老人和留守妇女多。通过养虾，和之后发展的都市农业、生物能源等产业，全村80%的劳动力返乡在家门口就业。

农村绝不能成为荒芜的农村、留守的农村、记忆中的故园！这句话在这里有了鲜活的解说，也是我近年来采访中突出的印象！

村倒是不荒芜了，但怎么更好地发展？产业怎么更快地升级？这些问题又摆到大家面前。峒山的故事，在我们的报道中继续深入。

农业转型升级是方向，但怎么转型呢？能不能让鱼米之乡、广阔荷塘这优美的环境也变成生产力呢？摆脱贫困是命运的转折，乡村振兴更是幸福新起点。

2019 年 11 月 19 日，郝晋辉在峒山村拍摄

在我的镜头里，峒山村的"万亩香莲"一点一点地建成了。"万亩香莲"是一个集民宿、休闲、观光、采摘、垂钓、科普、研学于一

体的"农文旅研学"的融合发展模式。烈日下，一千多种千姿百态的莲花竞相绽放，吸引了全国各地高校的学子前来研学，把他们的论文写在了田野里；步道上，小小的峒山，景色宜人，两旁是成荫的绿树，郁郁葱葱，清新的空气让人心旷神怡……

这些看得见、摸得着的幸福感，让村民美在心头。

融合发展模式在峒山村绽放了，新的模式带来了上亿元的效益，全国已有 6 万多人次来到这里学习乡村振兴的经验。

2022 年 7 月 21 日，郝晋辉在峒山村拍摄占志启主任给村民解决问题

乡村振兴是脱贫攻坚的接续战略，是对全面脱贫成果的巩固和提升。七年来我十进峒山，记录这里的人，记录这里发展的故事。通过《砥

砺奋进的五年》《峒山村的这十年》《奋进新征程 建功新时代》等报道讲述着小乡村的大变迁。

为了让更多人了解到山乡巨变背后的故事，我还制作了一系列短视频放在新媒体平台，总观看量已超3000万。许多网友看了报道表示："被这种党群同心的奋斗精神感染和鼓舞了！"有一位渔业专家看到我制作的短视频，带领团队来到峒山村考察。优美的环境和村民的实干精神打动了他，于是，华中地区最大的淡水鱼繁殖基地在这里诞生了。此后，峒山村高附加值的产业一个接着一个落地，小小的乡村迸发越来越炽热的能量。峒山村两委制定了"2022年重点项目推进作战图"，书记伍东说，等这42个项目全部完成后，村民们的收入还能再翻一番。

我也暗自和峒山村许下一个约定，我今后每年都要来一次这里，把十里水杉、百亩樱园、千亩鱼塘、万亩香莲的图景用镜头告诉观众。让他们也感受到我们新时代美丽乡村，望得见山，看得见水，记得住乡愁。

（扫码查看更多内容）

风吹稻花香两岸

钟 婧 湖南广播电视台

引言

    大家好，我是湖南广播电视台的记者钟婧。

    我出生在盛产大米、秋季稻花飘香的湖南，2017 年成了一名行走两岸的驻台记者。

    余光中的乡愁是一张窄窄的船票，席慕蓉的乡愁是一棵没有年轮的树，而对于更多无法以诗言志的普通人来说，乡愁大概就是一种故乡的食物。五年来，我采访见证的两岸故事，不妨从小小的大米说起。

    提起湖南、说起大米，大家自然会想到袁隆平院士。第一次见到袁老是在一次海峡两岸新闻媒体来湘联合采访中。袁老说："我最想把杂交稻介绍到台湾去。"台湾记者追问："是否存在保密问题呢？"袁老回答："我们有自己的保密原则，但台湾同胞是我们的亲人，内外有别嘛！"没想到 5 年后，袁老受邀去台湾，还与一对专注肥料的台湾父子陈瑞和、陈建中建立了合作。台资企业的肥料在参与湖南的国家超级水稻育苗基地试验成功了，袁老开心得像个孩子，提笔写下：稻香飘两岸，杂交富中华。

钟婧采访湖南电台"开台第一声"袁有芳

稻花香了，稻子熟了，"米"不仅是填饱肚子的主食，也可以幻化出千万种有趣的零食，比如米饼。30年前，世界上第一片旺旺雪饼诞生于湖南长沙一个叫"望城"的地方。那一天，来祖国大陆创业的台商蔡衍明比看到自己的儿子出生还兴奋。在台北采访旺旺集团董事长蔡衍明，我忍不住问："当年为什么选了湖南？选择在望城建厂呢？"他说："我呷你港哦！（闽南语：我跟你说啊！）'望城'谐音'旺财'！"除了"好兆头"，蔡衍明更是敏锐地洞察到祖国大陆改革开放的机遇，以及"鱼米之乡"湖南独特的资源优势。1994年，旺旺集团投产湖南，第一年就创下 2.5 亿元的营业额。不管是采访中，还是公开场合，蔡衍明总是说："祖国大陆这个伟大的市场，才造就了我旺旺的今天。我是一个堂堂正正的中国人！"前不久，佩洛西窜访台湾，蔡衍明的儿子蔡旺家连发数条微博表达抗议，瞬间冲上了热搜，人们说，这是"虎父无犬子"。

我非常好奇："旺旺"旺起来的秘诀是什么？蔡衍明告诉我："旺仔的造型是大米的'米'字，而旺旺的兴旺之道就藏在旺仔的嘴巴里。"这里藏着一颗心，这颗心，是坚定的信心，也是中国心。

湖广熟，天下足。湖南，自古就是天下粮仓。问湖南人：什么菜，最下饭？不论是海峡的这边，还是海峡的那边，大家都会告诉你：辣椒炒肉。我们常常接触台湾艺人，但作为驻台记者，我在采访中看到的是他们舞台下的另一面。比如，第一个到祖国大陆开个人演唱会的台湾歌手赵传，他告诉我，父亲从小就叮嘱他填祖籍要郑重地写"广西天等"。在台湾长大的赵传能听懂湖南方言里最难懂的湘乡话，因为他的母亲就是湘乡人。他说，母亲想家的时候，会炒一盘辣椒炒肉配米饭，眼泪就那么不自觉地流下来。母亲说是辣椒呛的，可那泪水为什么总也擦不干？

想家的就只有他们吗？或许，那一双双年轻的眼睛里自有答案。作为全国首个入选海峡两岸青年就业创业示范点的媒体，我们办了五届台湾大学生来湘实习交流活动。回程时，一名台湾实习生的行李箱特别重，里面装的是一袋湖南的大米和泥土。这是她送给台南一位湘籍老兵的礼物。老人家年岁已高，他说，有生之年还能再吃上一口家乡的米饭，故去那天还能枕着一捧故乡的泥土，便算是落叶归根了。这些台湾年轻人带着疑问而来，却用自己的眼睛和心得到一个和课本上完全不一样的亲切又充满生机的答案。他们的临别赠言出奇的一致："我，会回来的！"两周前，我的台湾实习生跟我说，她真的回来了，在祖国大陆找到了工作。

"爱在芒果"台湾来湘交流实习生的电台第一课

"一条大河波浪宽，风吹稻花香两岸。"作为驻台记者，我行走海峡两岸，听过许多不同的故事，也唱过许多相同的歌。丁晓雯，是我在台北采访的 32 位音乐人之一，她曾写出过红遍两岸的《青苹果乐园》。去采访的电梯里，一个台湾少年嘴里正哼着"想你时你在脑海"。采访结束坐计程车，司机在狭窄的巷道急速穿梭，我说："我不赶时间。"

他却答："可是我很赶呐！"理由是，他要回去看《我是歌手》。20世纪七八十年代，台湾流行音乐飘过来被年轻人喜爱，而现在，祖国大陆的音乐和文化节目又飘过去深深地影响着台湾的年轻人。这种感觉多么奇妙，又理所应当！

在台湾采访，跟第一次见面的台湾朋友迅速熟络起来的秘诀就是拿起麦克风。当你唱出"归来吧，归来呦"，总有人轻轻地和"我已厌倦漂泊"。

（扫码查看更多内容）

香港青年，逐梦大湾区

徐　晋　广东省南方财经全媒体集团

引言

　　大家好，我是南方财经全媒体集团广东经济科教频道的记者徐晋。

　　作为一名来自粤港澳大湾区的记者，我在这片改革开放的前沿热土上与港澳青年对话，倾听一个个融入湾区、建设湾区、逐梦湾区的生动故事，感受着粤港澳从"乡音相通、血脉相连"迈向"共享机遇、共创未来"的新时代之变。

　　今天，我想分享3个香港青年在大湾区奋斗逐梦的故事。

第一个故事的主人公是古伟龙，他在大湾区圆了创业梦。

古伟龙出生在香港一个普通家庭，父亲在建筑工地工作，一家5口挤在一间30平方米的政府公屋里。平凡的出身让古伟龙从小就在心中种下了"改变"的种子。这也是很多香港青年的期望。

大学毕业后，古伟龙从事房地产基金等工作，虽然收入还过得去，但通过创业取得更大作为的念头却日渐强烈。

可是，普通香港青年创业并不容易。"香港租金太贵了，无论你的商业方案有多厉害，你的创意有多厉害，你必须要租个房子。但在租金这么贵的情况下，你的商业模式还没走通，就因为太高的租金承受不下来，而把项目搁置了。"这就是摆在古伟龙眼前的第一个难题。

梦想很大，可是舞台在哪里？

直到 2017 年，当古伟龙将目光投向内地之后，他顿时感到豁然开朗。随后，他做出一个坚定抉择——卖掉在香港好不容易攒钱买下的房子，作为创业基金，带着老婆孩子来到珠三角创业——带着在香港兴起多年的"迷你储物仓"业务开拓市场。

徐晋与香港青年古伟龙（左）、徐正杰（右上）、陈贤翰（右下）交流

很快，古伟龙就尝到了甜头——珠三角地区巨大的需求市场、良好的发展环境、便捷的服务网络、完善的产业链条，叠加形成的创业支撑，都成为他成功的"催化剂"和"助推器"。

古伟龙说："每个城市、每个地区都有一些港澳青年的创新创业基地，这些基地会告诉你要干什么、要办理什么，才能正确地开展你的业务。你去那里，他们都是知无不言、言无不尽的。"

从 2019 年开始，借着粤港澳大湾区建设的"东风"，古伟龙的企业发展得越发火热，先后在广州、深圳等城市开设了 20 多家分店，市场占有率在全国位居前五名。古伟龙感叹，感谢大湾区，让他这样一个普普通通的香港青年，能够实现人生的飞跃。

第二个故事的主人公是徐正杰，他在大湾区找到职业信念。

徐正杰是一名眼科医生，本科就读于暨南大学，随后在香港大学修读硕士，毕业后在香港工作。医生在香港是令人羡慕的工作，收入高、加班少，工作环境好，但却也是一个一眼望到头的工作。

没多久，徐正杰也常常问自己：眼前是我想要的生活吗？

一次偶然的旅途，改变了徐正杰的人生轨迹。当他坐车途径珠三角时，他猛然发现，这片他多年前曾求学的地方，如今已经是高楼林立、车水马龙，处处展现着蓬勃发展的生机和活力。他想起慕名已久的中山大学眼科中心，并在一番思索后，决心前去中山大学眼科中心读博深造。

如今，徐正杰是广东中山眼科中心的一名眼底外科专科医生，每天繁忙而充实，就连采访都是约在他午休的间隙。从读书到就业，徐正杰深刻感受到，内地医疗行业发展正经历质的飞跃。人们对医疗服务和疾病防治的需求越来越大，未来前景无可限量，这对一名青年医生而言是难得机遇。

回忆当年的决定，徐正杰说："就因为'大湾区'3个字，我决定留在这里。这里希望年轻人多创新，或者做更多多元化的事，我觉得很好。"

徐正杰告诉我，他要趁年轻尽量多学点东西、尽快提升自己，更好为大湾区眼科公共卫生发展贡献自己的学识和能力。

第三个故事的主人公是陈贤翰，他让港澳青年畅享大湾区红利。

陈贤翰自身是一名在珠三角创业的香港青年，也是广州市天河区港澳青年创业服务中心的副理事长。

两重身份叠加的背后，是陈贤翰富有代表性的创业经历。

2018年，陈贤翰"北上"珠三角创业，开设了一家建筑设计公司，正当他准备大干一场的时候，没承想第一单业务就让他差点吃了亏，原因是当时他对财税等各方面的内地政策不了解。所幸，天河区政府在关键时刻伸出援手，并帮助他了解内地相关政策。

后来，陈贤翰的公司逐渐发展起来，但他没有就此满足。深知创业艰难，也走过弯路的他，希望为越来越多的"北上"港澳青年助一臂之力。2019年，陈贤翰决定斥资1000万元，和天河区政府共同建设"天河区港澳青年之家总部创业基地"，利用自己的实践经验和亲身体验，帮助更多的港澳青年借大湾区建设"东风"创新创业。

如今，这个基地扶持的港澳青年初创企业已超过 200 家，其中一些企业市值已突破一亿元。

陈贤翰说，希望带动内地港人更好投身大湾区建设，也感谢大湾区，让他普普通通的创业变成意义非凡的事业。

港珠澳大桥开通前，徐晋在隧道中采访工程师

这 3 个故事虽然平凡，但是让我印象深刻。随着粤港澳大湾区建设，正有越来越多的港澳青年"北上"，并收获精彩人生。过去 5 年来，我通过采访先后认识了数十位"北上"港澳青年，他们的成长经历、所在行业各有不同，但最终都在大湾区生根发芽、茁壮成长。我想，这就是粤港澳大湾区建设的意义所在、使命所在、魅力所在。

一直以来，习近平总书记对港澳青少年的成长牵挂在心。2022 年

7月1日，习近平总书记在庆祝香港回归祖国25周年大会暨香港特别行政区第六届政府就职典礼上的讲话中强调，青年兴，则香港兴；青年发展，则香港发展；青年有未来，则香港有未来。

行而不辍，未来可期！粤港澳大湾区建设正进一步向纵深发展，作为一名来自大湾区、扎根大湾区、深耕大湾区的财经全媒体记者，我也将继续用镜头和文字，记录大湾区大未来，讲好更多大湾区青年奋斗逐梦的故事。

（扫码查看更多内容）

快门上的"爱心之旅"

曾茜茜　广西壮族自治区贵港日报社

引言

　　大家好，我是贵港日报社的记者曾茜茜。

　　坚守公益情怀，聚焦亲情画面，让镜头更有温度，让文明涵养家风，是贵港日报新闻人始终如一的情怀。多年来，我们的足迹遍布贵港各地，定格了一张张幸福的笑脸，见证了一幕幕感人的瞬间，听到了一声声质朴的感谢，也收获太多太多感动。

　　这一切，都要从一张全家福说起。

　　2015年9月的一天，我和同事到广西平南县马练瑶乡采访，随机帮一位老奶奶和她的孙子们拍了一组照片。画面中的孩子，把这张照片发给在外打工的父母。他们说："爸爸妈妈，看到了吗？前面的凳子，是给你们坐的，到中秋节你们要回来一起合影哦。"

　　面对这张家庭主要成员缺席的"全家福"，我们陷入了沉思——

等待"团圆",到底是多少家庭的期盼?从没"拍照",又是多少人一生的遗憾?

"不如,我们行动起来,帮大家拍全家福吧!"我和我的团队提出思路:以"全家福"为核心,开展系列亲情主题拍摄活动。

2018年中秋节,由贵港日报摄影团队实施的贵港市"摄影进万家·温暖全家福"公益摄影活动,正式开启了快门上的"爱心之旅",10多名摄影记者扛着装备,来到贵港市港南区东和村,为村民现场拍摄、打印、赠送全家福照片。

专业摄影师免费服务到家,宁静的村庄一下子热闹起来,我们的工作群也热闹了起来。

"各位各位,我们拍的这家,全家都回来过节了,好大一家子!"

"太好了!我拍的这家,有一对才几个月的龙凤胎!没想到,两个小可爱来到人世的第一张全家福,居然出自我的手!"

"我要隆重告诉大家,我们正在给102岁的谭祖珍老奶奶拍全家福,她说,她从来没有拍过全家福!"

现场拍摄的小伙伴们你一言我一语,激动地分享着自己的所见所闻……

那天,我们共为50多个家庭拍下了"全家福"。在"咔嚓咔嚓"的快门声中,彩印机"流"出一张张幸福满满的照片,村民们互相欣赏,奔走相告。102岁的谭奶奶,拿着美美的全家福,看了又看,久久地端详着照片中的每一位家人,饱经沧桑的脸上流下了幸福的泪花。那一刻,我们深深感受到家的厚重以及团聚的含义!

那年重阳节,我们又走进农村,为15对70岁以上的老年夫妻拍摄、赠送婚纱照，共同见证不老的爱情。爷爷奶奶们第一次穿上婚纱和礼服，化着美美的妆容，捧着美丽的鲜花，以山村、稻田、耕牛为背景，定格这美好瞬间。

活动通过"新华社·现场云"图文直播，吸引了 200 多万网友围观。有网友留言说："我看到我的爷爷奶奶啦，好开心啊！一直想带他们去拍美美的照片，谢谢你们帮我圆了一个梦。"

曾茜茜与同事为 95 岁壮族老奶奶的家庭开展公益摄影活动

2022 年儿童节，我们为 20 多个农村家庭拍摄了全家福。但其中一张，只有一个 7 岁的男孩。他拿着照片凑在我耳边轻轻地说："谢谢姐姐，谢谢你们。我的爸爸去世了，妈妈也走了，只剩两个姑姑，我怕她们把我给忘了。明天我要把照片寄给她们。"那一刻我看着眼前这个懂事的小男孩，内心翻江倒海。这张"全家福"照片上，只有小男孩，但是在照片外，还有两位姑姑在守望和牵挂！

坚守公益情怀，聚焦亲情画面，让镜头更有温度，让文明涵养家风。2018年以来，我们的足迹遍布贵港，开展活动共50多场，免费送出照片5000多张。通过贵港日报媒体矩阵进行宣传，浏览量超过2000万人次。

2021年，我们回访了部分参加拍摄的家庭，不少老人小心翼翼地在柜子里取出我们帮拍的照片。他们小心翼翼的样子，打湿了我们的双眼。我们更加明白，一张全家福，定格的不仅是家人的团聚，更是每个家庭成员发自内心的、对家庭的认可和归依。家，是一湾港、是一座山、是幸福的牵挂、是永远的惦念。

曾茜茜主持活动

习近平总书记强调，宣传文化工作者要坚持以人民为中心的工作导向，丰富人民的精神世界，增强人民的精神力量，满足人民的精神需求。

以人民为中心，就要走进人民中去。

2022年，我们全面深化媒体融合改革，成立了"贵港日报爱拍摄影工作室"，重点打造公益摄影体验馆，邀请市民群众前来拍摄更加专业的全家福照片。这个"请进来"的拍摄体验馆，与多年来"走出去"的公益摄影交相辉映。我们"请进来"的是浓情蜜意、和谐美满，我们"走出去"的是快乐他人、爱满人间。

我们决定，"摄影进万家　温暖全家福"活动，要一直开展下去，要为1万个家庭拍摄全家福，让文明家风代代传承，生生不息！

（扫码查看更多内容）

这十年，我看着三沙"长大"

王晓帆　海南广播电视总台三沙卫视

引言

大家好，我是海南广播电视总台三沙卫视的记者王晓帆。

说起三沙，我们总爱说，"祖国最南端的三沙"。"祖国最南端"5个字强调的不仅是地理方位，更渗透、浸润着我们三沙人对脚下这片热土最深厚的感情，还有一种舍我其谁的责任与担当。

2022年，是三沙设市10周年，也是我作为一名记者，在三沙工作的第十个年头。可以说，这10年，我是看着三沙"长大"的。三沙设市以来，大到机场、码头、医院、学校，水、电、路、讯、网等基础设施，小到第一家面馆、理发店的开张营业，几乎每一个我们看似平常的事物，在这里都是从无到有的"飞跃"。回首三沙，10年之路，我眼前就会展现出一片专属于三沙的星空，那些闪耀的星辰，就是10年来为三沙的发展付出巨大牺牲、奉献了青春与热血的无数追梦人和奋斗者。

"南海诸岛自古以来就是中国领土，这是老祖宗留下的。"守好我们的祖宗海，是三沙人的神圣天职。卢伟，三沙市综合执法 2 号船的船长，狂风巨浪是卢伟和他的船员们习以为常的工作环境。如此风浪下，船上的锅碗瓢盆会晃，我们胃里的胆汁会晃，但执法队员们坚定的寸土不让的维权步伐绝不会晃。在卢伟的掌舵下，这些年我们去西沙群岛执法，去中沙群岛巡航，去南沙群岛种树，作为随行记者，在波涛汹涌、风吹日晒、孤独寂寞的航行中，我深深体会到什么叫"自古行船半条命"，目睹了南海一线维权执法的艰辛和危险。三沙设市后，综合执法 2 号船实现了西沙海域的常态化巡航，卢伟经常是一年300 多天都漂在海上。我问他，为什么，为什么要来三沙吃这份苦？卢伟给我的答案很简单，他说，因为自己是渔民的儿子，在他内心深处，南海就是他的家，他立志为国守海，为的就是让中国渔民安安全全出海，平平安安回家。我想，这也是所有三沙人坚决维护国家主权和海洋权益的决心和担当吧！

这 10 年，三沙为什么能发生改天换地的人间奇迹？一个最关键的原因，就是党组织无处不在，而且最困难最艰险的地方，党员干部从来都带头迎难而上，从不缺席。

三沙市七连屿的赵述岛，曾经给我印象最深的就是这座三沙渔民最多的岛礁上竟然连一座真正的厕所都没有，当时岛上的环境大家可想而知。渔民们住的是这种自搭自建的木板房，这里是他们现在岛上的新家。这些三沙岛礁的神奇变脸，在我看来却并不神奇，因为所有奇迹的背后，都是惊人的付出和牺牲换来的。2014 年，三沙市七连屿工委管委会成立，王春、黎明、陈奕奋、吴楚卿 4 名党员干部踏上赵述岛，如同当年三五九旅进驻南泥湾一样，开始了拓荒者的征程。

王晓帆报道西沙海域巡航

当时岛上的建设，还在用手推车这样的"老物件"。大家不要小瞧它，它可是当时岛上唯一的运输工具，是"大功臣"。历时三个多月，这些党员干部群众硬是用这个小推车，足足运了500多个来回，才得以将岛上50多吨的历史遗留垃圾彻底清理掉。10年来，七连屿的党员干部们耐高温、战台风、改善民生、增绿护蓝，实现了赵述岛从缺水少电、垃圾遍地的荒岛滩涂，到生态优美、生活宜居的南海家园的华丽转身，打了一场漂亮的"翻身仗"。每一次去赵述岛采访，总会有新的变化记录在我们的镜头里，曾经就盼着吃上一口新鲜蔬菜的渔民们如今拥有了自家的菜园果园，大家在岛上的生活质量得到极大改善。2021年建党百年之际，七连屿党工委被评为"全国先进基层党组织"。我想，对他们而言，这就是至高无上的荣誉和褒奖了。

在三沙，"爱国爱岛，乐守天涯"这句话，从来都不是一句简单的口号，很多时候，它是融入三沙人的骨血中的。我曾经采访过的一位渔民，叫吴忠灿，他的妻子叫曹烈珠。夫妻俩以岛为家、护旗爱国的故事，曾经引起媒体的广泛关注，连续8年守护祖国最南端民兵哨所的他们被誉为"最美夫妻哨"。在他们的故事里，夫妻俩每天都要列好队，唱着国歌将国旗升起。台风来了，自己家的房子被刮倒了，旗杆也依然竖立。

王晓帆在南海7号钻井平台报道我国首套国产化深水水下采油树完成海底安装

"有这面国旗，出海回来看到啊！哦，就到家了。"这是我最后一次采访吴忠灿时他说的一句话。这位淳朴善良渔民的微笑永远定格在了 2015 年。2015 年，吴忠灿在海上转运设备时不幸落水，永远离开了他守护了半辈子的祖宗海。吴忠灿走了，但他常说的那句"国旗升起的地方就是家"，依然在三沙口口相传，声声入耳。

中国这 10 年，三沙这个地级市从无到有，在时代的领航下，卢伟和船员们到祖国更远更广阔的海域巡航，南海海上管控和综合服务保障能力有效提升；七连屿的党员干部群众以岛为家，安居乐业，大家的幸福感、获得感显著增强；现在不光是有人岛礁，在三沙很多无人岛礁上也能看到鲜艳的五星红旗高高飘扬……

三沙 10 年从无到有、日新月异、蒸蒸日上的发展变化，是新时代中国砥砺奋进、铸就辉煌的缩影，是新时代中国这艘巍巍巨轮扬帆远航征程中的一朵浪花。"三沙"这个承载着希望和梦想的 10 后，生在红旗下，长在春风里，欣逢盛世，定当不负盛世。而我们作为南海一线的见证者、记录者、传播者，将继续走向蔚蓝，为时代讴歌。

（扫码查看更多内容）

问渠那得清如许

熊　威　重庆市开州区融媒体中心

引言

　　大家好，我是熊威，来自刘伯承元帅的故乡——重庆市开州区，是当地融媒体中心的一名全媒体记者。

　　王汝保老人离开我们四年了，他的故事我也讲了四年。为何如此执着，只因我是记者！因为是记者，所以我遇见了他，得知他痴守天渠18年，践行基层党员为人民服务的初心使命；因为是记者，所以我一次次讲他，要让他的名字不深藏巴山，让他的故事被人所知；因为是记者，所以我也要像他一样牢记使命，为时代发声，为人民立言，让信仰的活水奔涌不息。

　　重庆深山里有一处挂壁天渠，面对这处奇绝险的悬崖天渠，有一个人从不畏惧。

　　他叫王汝保，采访他很有意思。第一次遇见他是在农田边的渠坎上，我问他 ABC，他答 123，我甚至用上了手语（你好，我是一名记者），而他好像也没有看懂，自顾自地走了。

我连忙跟了过去，谁知穿过大片的农田和森林，我竟来到一处水汽萦绕的悬崖绝壁。脚下是万丈深渊，顶上是怪石压身，我趴在渠坎上大喊大叫。这回他好像是听懂了，也可能是为了鼓励我，在悬崖上，把他的故事全讲了出来。

20 多年前，王汝保所在的金霞村因地处山区，严重缺水，要吃水得去山里挑，挑完了人喝的还要挑猪牛羊的，更别说地里的庄稼了。整个村子，被贫困笼罩。

熊威与王汝保在天渠上并肩同行

为改变困局，时任村支书王汝保把全村老小喊到自家院坝，说是要修渠。村里人也都知道缺水的痛，但摆在大伙儿面前的问题也很客观：

村里穷得叮当响，年轻劳力大多外出务工，要在悬崖上凿水渠死了人怎么办？

问题一个接一个，王汝保把自家水缸搬了出来，抡起榔头"砰"的一声，全场寂静！那一刻，他把一个红本本举了起来："穷了几代人的金霞村，不就是因为这个水吗？明天起，我带头去修水渠。水渠一日不通，我这个共产党员户，就一天不买缸！"

王汝保的这一席话，说得全村人眼泪直冒，197号人全都站了出来，哪怕是老太婆也要拿着铁锤钢钎，跟着他上悬崖。

有人讲，要修成这渠，起码得死8个人。王汝保霸气地把一口棺材摆到工地，要死我先去！

"危险的地方是我去，崖上是我去，我不让社员去，把我整死了无所谓，我尽是这么搞的嘛！"

对，他就是这么搞的，爬悬崖、打炮眼、埋炸药，王汝保都是第一个上！而在悬崖上引爆炸药的，他却是唯一一个！战天斗地280多天，村民们硬是在悬崖峭壁上，啃出一条7600多米长的金霞大堰渠。

水渠修成那天，村里比过年都热闹，7公里长的鞭炮响彻云霄。而王汝保，他只是痴痴地笑着，他什么也听不到了。他的耳朵，早就被炸药给炸聋了。

寂静无声的后半辈子，这位老人每天都会爬一遍悬崖，走一遍水渠，清理落石杂叶，修补破损渠段。这一走，就是整整18年，6500多天，3个"二万五千里长征"！

在他的守护下，白花花的山泉水日复一日地流淌进村民们的心田，彻底解决了 220 多户 865 人以及上千头大牲畜的饮水问题。丰沛的水源，还让 560 多亩山地成功地种出了水稻。金霞村缺水少粮的日子一去不复返。

熊威穿越悬崖天渠

"这条渠是我亲手打的，走在渠上来，不怕哎，我一个人总是走出头啊！崖上，我一个人经常走哦。"

18 年后，水声潺潺的悬崖渠坎上，王汝保静静地看着我。那一刻，似乎有一道强大的精神力量充斥着我的全身，让我从恐惧之中爬了起来，一手扶着岩壁，一手紧握着相机，满怀敬仰跟他走完了一个 7600 米。那一刻，我终于明白了无畏生死绝壁开渠的奉献，明白了到底是怎样的一种信仰能让一位 83 岁的老人无悔痴守天渠 18 年。

我把答案写进入党申请书，那不正是共产党人的信仰吗！

这4年来，我脑海中总会浮现最后一次跟王汝保守渠的情形。在最险峻的文家岩渠段上，我对老人说："我要为您做个大新闻，让全国人民都认识您，知道您。"

而他只是看着脚下的渠：好啊好啊，这渠好啊，能管好多年呢！两天后，我接到村里电话：老人，走了……那是我作为记者最失败的时候，我怎么能让他还没被人记住，就走了呢？

有人问我，你一个半路出家的记者，普通话还那么烂，为什么执着地上台去讲王汝保？是的，第一年，我的普通话自己都听不下去；第二年，我在路灯下苦练平翘舌音，却在台上紧张到忘词；第三年，我把自己讲哭了；2022年，我终于可以站在这个舞台上，让所有人都知道"王汝保"这个名字，知道这个国家前进的每一步，背后都是无数个"王汝保"寂然无声地付出。

悬崖早已不是那悬崖，那上面的每一个锤印都是对美好生活的向往；天渠也早已不是那天渠，那上面留下的每一个脚印，都充满了勃勃生机，滋养着更青的山，更绿的水，还有更幸福的生活。

而那个年轻的记者，也从中找到了属于自己的使命，那就是要像王汝保一样，为时代发声，为人民立言。

让信仰的活水，奔涌不息。

（扫码查看更多内容）

见证美丽中国：

我与"熊猫村"的 24 年

杨　涛　四川日报报业集团

引言

　　大家好，我是四川日报报业集团记者杨涛。

　　从 1998 年至今，我记录下四川省碗碛藏族乡的春夏秋冬，也收集了当地在保护生态环境中的宝贵资料。里面有少年长大成人，有年轻人相亲相爱；有老人离去，有新生命诞生。在一个村庄、一座雪山、一个物种的背后，我们讲述的是生物多样性保护下，一个个鲜活的美丽中国故事。

　　24 年里，我用 100 多次往返、7 万张影像，定格这里的春生、夏长、秋收、冬藏，记录人与动物的和谐相处，生态之美。这些作品，也见证了我的成长：从业 20 年来，我从一个新闻门外汉，逐渐成长为首批徒步进入震后汶川、参与诸多重大事件的摄影记者。关于"熊猫村"

的两件新闻作品还获得 2022 年第三十二届中国新闻奖。

影像改变了我，也改变了硗碛的农家姑娘能卡曼。2003 年，高中毕业的能卡曼回到家乡硗碛务农。我在采访中，发现这个腼腆的小姑娘对我手中的相机很感兴趣，她说："我的家乡这么美，我也想拍照。"于是我送给她一部相机，并手把手带她走进影像世界的大门。能卡曼的镜头记录下乡间偶遇的小动物、云海翻腾的夹金山、欢快活泼的锅庄舞、夏夜里的满天星空……每次拍摄完，她都会激动地和我分享，请我提意见。

能卡曼的照片越拍越好，那些曾经不理解她的人，也主动请她来拍摄村里的新鲜事。如今，村里谁家姑娘出嫁了，谁家生小宝宝了，都少不了能卡曼拿相机的身影。在我的鼓励下，她还带着自己拍摄剪辑的纪录片走进影展和艺术节，也让硗碛走进更多人的视野。

一部相机，带来的是很小的一扇"窗"，正是透过这些与外界相联系的"窗"，硗碛人也在发生着变化。我用镜头记录下他们把保护大熊猫写进村规民约，逐渐减少上万头牦牛养殖；记录下曾被视为财富象征的牦牛变少后，能卡曼和她的姐妹们把牛毛做成文创产品，搞起了直播带货，收入反而增加了。

2021 年，当习近平总书记宣布，中国正式设立第一批国家公园时，地处大熊猫国家公园核心区的硗碛人奔走相告。生态环境越来越好，游客越来越多，硗碛人对"绿水青山就是金山银山"有了最真切的感知。

杨涛在雅安夹金山上采访拍摄

我和"熊猫村"的缘分有 24 年，但我所在的四川日报报业集团与大熊猫的缘分已近半个世纪。"竹子开花啰喂，咪咪躺在妈妈的怀里数星星，星星啊星星多美丽，明天的早餐在哪里？"这首在 20 世纪 80 年代脍炙人口的《熊猫咪咪》的创作灵感就来自《四川日报》关于拯救大熊猫的报道。当时，大熊猫生存的不少地方竹子开花枯死，《四川日报》记者陈能文率先发声，引发了全国乃至全世界抢救大熊猫的热潮。

这些年，我们对大熊猫的关注和报道从未中断。从陈能文前辈骑着自行车去卧龙采访的时代，到我对"熊猫村"的持续关注，再到媒体融合的当下，"95 后"记者完成 200 多场大熊猫直播，一代代记者，在更加丰富的呈现方式中，薪火相传。如今，中国大熊猫受威胁程度等级已从"濒危"降为"易危"。作为记者，我何其有幸，见证并记录了这一过程。

山河广阔，生命多姿，24年来，我跑遍硗碛的山山水水，在地图上标注了数百个地点，还有地图上查不到的小地名。此外，我还为硗碛和雅安找到40多个雪山观景平台，写下4万多字的《雅安市环贡嘎山观景平台报告》，并参与全省观景平台调研课题。

守望同一座雪山的，还有距硗碛200多公里的成都。我和一批热爱雪山摄影的人，用大数据分析一年中哪几个月容易看到雪山，推测"窗含西岭千秋雪"可能成诗于公元764年，杜甫在草堂遥望的可能是四姑娘山幺妹峰。

在我们的推动下，作为世界上唯一可以直接眺望7000米雪山的千万级人口大城市，成都开始常态化发布观雪山指数。近5年来，成都一年可见到雪山的天数，平均保持在60天以上。我们能和千年前的诗人同赏西岭千秋雪，是大自然的馈赠，更是这些年保护修复生态环境获得的合理回报。

人与自然是生命共同体。习近平总书记指出："生态环境是人类生存和发展的根基，生态环境变化直接影响文明兴衰演替。"

无论是大熊猫国家公园里的硗碛，还是雪山下的公园城市成都，我们捡起的是一个个故事，串联起来就是一个只见青绿、生机勃勃的美好时代。

2008 年汶川地震期间，杨涛在北川帮助受灾群众转移物资

　　不久前，我有幸得到陈能文老师的赠书，他在新作《大熊猫与生态文明》扉页上写到：薪火相传，年轻一代记者，加油。

　　万物生灵，美美与共。记录美丽中国，我们一直在路上。

（扫码查看更多内容）

让贵州文物"活"起来，"动"起来

应　腾　多彩贵州网

引言

　　"应腾，应腾，在没？你又去挖墓了吗？"

　　"是的，是的，在路上。"

　　这段语音，是近两年来，同事朋友和我打招呼的新"开场白"。

　　我是多彩贵州网的记者应腾，在 2020 年的夏天，从事新闻行业的第 8 年，接触到新闻行业最"冷门"的口——考古。今天，我要和大家讲一讲关于考古的故事。

　　考古人对自己的工作，有一段形象而生动的比喻，叫作"上班等同于上坟"。于是，作为跑口记者的我，去"上班"，也变成了去"上坟"。

　　或许，在座的会问：贵州有历史吗？贵州有"古"可考吗？你跑这个口，究竟能出多少稿子？

　　没错，贵州不是传统意义上的考古大省，但是贵州，却是全国第一个以单个"土司考古"项目，拿下考古奖项"大满贯"的省份。

我们先后拿下全国六大、十大，世界十大考古新发现，入选世界文化遗产、中国百年百大考古发现。连最难拿的中国田野考古一等奖，我们贵州考古人也拿下了。

与之相配的，是我在跑考古报道的两年中，传播、记录、见证了贵州考古故事，7篇考古报道，一次拿下贵州新闻奖"大满贯"。

贵州省文物考古研究所所长周必素经常戴着护膝，用树枝当拐棍。

在我最开始接触考古的时候，我就跟随着她的脚步，到了海龙囤遗址、茅衙遗址、新蒲土司墓地、旋厂遗址等多个考古发掘现场。

应腾在考古工地查看了解地层

无论是什么季节，只要是下田野，她，就是这个样子。她双膝的退行性病变，就是在海龙囤遗址发掘期间上下奔走无数次落下的毛病。

其实，考古发掘日常，并没有什么传奇的滤镜，更多的是重复、烦琐和枯燥。行走田野，做扎实的研究，他们不仅需要"最强大脑"，更需要"最强体力"。

我曾经开玩笑地问她："作为全国为数不多的美女考古学者，你明明可以靠脸吃饭，为什么还要面朝黄土背朝天，做一个辛苦的'挖土人'呢？"

她告诉我："入行，是歪打正着，现在是真喜欢，而且不止喜欢，还热爱。"

是啊！热爱。通过周所长，我认识了一群考古人，他们有沉迷于夜郎考古研究31年的"夜郎王"张合荣；发掘海龙囤遗址8年的"屯主"李飞；发掘招果洞遗址5年的"史前王"张兴龙。

或许，职业带来的悲喜并不相同，但在一些坚持里，我们殊途同归。

奋力行走，潜心研究。这是周所长带给我的最初印象，从她的身上，我看见考古人严谨、坚守、刚强的精神。

也是她，让我这个"考古小白"，从"八卦"的好奇中来，到对"考古"的敬畏中去。不信，你们看——

应　腾："提问！考古人下工地戴不戴护身符？"

周必素："这个真没有。要说带，我们带的是敬畏心和使命感，做对历史和社会负责的事。"

应　腾："再提问！发掘到文物时，有过顺手牵羊的冲动吗？"

周必素："考古是用来解决历史问题的，不是用来占有的。考古强调的是信息的收集和采集，我们更在意的是，从文物身上得到完整的信息，而不是得到文物。"

我曾经又开玩笑地问她："现在考古这么火，你们考古人都是网红啦！请问美女考古所长，对网红这个新身份怎么看呀？"

她说："我倒没觉得我是'网红'，通过考古，让历史脉络逐渐厘清的贵州，才是从历史里走出来的'网红'。"

应腾参与见证贵州贵安新区招果洞遗址获 2020 年度"全国十大考古新发现"

因为他们，这两年，我见证记录了贵州考古成果"连连看"，专家观点"对对碰"，以及考古偏见的"消消乐"，我实现了从"冷门口"到"热爱"的职业历程。

这两年，我恶补考古报告、学术专著，在专业、生硬的术语中，努力地消化、转化，体会什么是"隔行如吃隔食"；

我住在考古发掘工地，和考古人一起上工、下工，一起过中秋，实现了和文物的"同居自由"；

我跟着考古调查队，行走在鸡肠子一样细的小路上，实现了"暴走、暴晒自由"；

我跟着考古大咖，进出不同的发掘现场，实现了开"考古盲盒自由"。

我发现，考古人和我们新闻人，有着很多的相同之处。

比如，我们都"热爱行走，扎根田野"，我们都"豁得开，沉得住"，我们都在或将在"了不起的现场"。

所以，回到第一个问题，贵州不仅有"古"可考，还成绩满满；贵州考古不仅可挖可写，还能出好新闻；贵州不仅有故事，还是经得起推敲和考证的好故事。

最初认识周必素所长，她在她的书上给我写下了这句"小腾，让我们一起把考古玩出花来"。

于是，我们以考古报道这样温润而持久的方式，丰富更多人的日常阅读。这是对过去的敬畏，也是对未来畅快的向往。

文化口的记者，总有一个宏大的"命题作文"，叫作"写好文化自信的贵州故事，中国故事"。

这两年，我一共策划采写了82篇考古报道，通过互联网技术优势，对考古进行深入浅出、生动有趣的解读。

让贵州文物"活"起来，"动"起来，我们将考古现场从"地下"

搬到"云上",展现新时代考古工作者的形象,为贵州文化新闻的趣味性寻求另类表达,树立文化自信。

值得一提的是,我们制作的《贵州"云上考古"公开课》,作为全省首个融媒体产品,入藏了贵州省图书馆,并覆盖全省,实现了"村村通、户户看"。

10年的记者生涯,对我而言,不仅是职业,更是情怀。

习近平总书记指出,要让收藏在博物馆里的文物、陈列在广阔大地上的遗产、书写在古籍里的文字都活起来。

而我,作为这个"最冷门"的报道口的记者,应该,也必须,写好考古故事,写好贵州故事,写好中国故事。

希望通过今天的讲述,能让更多人知道贵州考古,了解贵州考古成果,走进贵州考古人,和我们一起看,更多"实锤"下的贵州故事。

（扫码查看更多内容）

有"豚"自远方来

周　洪　云南省昭通市镇雄县融媒体中心

引言

　　大家好，我是来自镇雄县融媒体中心的记者周洪。

　　我的家乡镇雄，在祖国西南的乌蒙山腹地。2017 年，这个县有 170 万人口，但她最好的交通只有 170 公里二级路。这里的岁月和炊烟能摸到的，除了大山，还是大山。我的父老乡亲抬头看天的时候，眼里会落满星辰，但是他们从来没有见过大海。这里，曾是全国贫困人口最多的县。

　　有多么刻骨地经历过落后与贫穷，就有多么强烈地渴望改变交通！今天，我要给大家讲一个"梦想成真"的故事。

　　2019 年 12 月 16 日，这是载入镇雄史册的日子！这一天，成都到贵阳的高铁建成通车，十里八乡的乡亲们激动地跑到镇雄站对面的山坡上，惊奇地看"和谐号"在家门口停靠，惊呼这是一条海豚游到赤水源头。

从此，偏僻闭塞的镇雄，峰峦徐徐张开，大地山河辽阔。

这一刻，170万镇雄人翘首企盼了6年，我的镜头也跟踪采访了6年。

从地图上看，成贵高铁经过镇雄，绕了一个很大的弯。专家说：这不符合设计上的科学和规范，但为了乌蒙山深处的老区人民，国家硬是把这条铁路弯到了镇雄。

成贵高铁建设的这6年，同事们叫我"蜘蛛人"和"穿山甲"。我的采访足迹，遍及成贵高铁镇雄段的23座桥梁和隧道。

香坝河大桥，成贵高铁最大控制性工程，横跨镇雄的大湾和花朗两个乡镇：名字透着美丽，地势处于险恶。这座桥最高的4号桥墩，高达107米，比肩36层小区房；底座面积702平方米，要60个成人才能围抱过来。

2016年秋天的采访现场，建设大桥的项目部负责人问我：这桥，敢上吗？

当然要上！坐了3分钟的电梯升到桥顶。俯瞰地下，胆颤心惊。我震撼：在这样的地方施工的，除了勇气、技术和信仰，还有什么特别的力量？在这样高的地方建设和书写的，是怎样的一种人生高度！

承建高铁的中铁十二局和一局有8个分部，每个分部每天有400多人和机械在天上地下奔忙。在岩壁不断涌水、泥泞淹到膝盖的隧道中，我拍下无数的灯火通明。我还特写性报道：乌蒙山隧道，瓦斯情况复杂，这里面的每一种机械设备和电路，都要经过防爆处理。写这条新闻的时候，我每一个字都写得小心翼翼，我怕重了，会惊动这里的瓦斯。

周洪在成贵高铁香坝河大桥桥顶采访

  这 6 年，我的摄像机和文字一直拍摄和记录着：一群讲着普通话的北方建设者，用他们的青春和时光，为南方这块偏僻的土地和方言，撑开另一种青春和时光。这 6 年，我的摄像机和文字，一直向他们致敬！

  由于当地居民对高铁缺乏认知，在建设初期征地时，工程遇到很大的困难。没办法，对于土里刨食的乌蒙山区群众来讲，土地是他们生存的根。如何打开缺口，把群众的"漫天要价"理性回归到政策的"就地还钱"，严峻地考验着地方干部。干部刘仁举，在高铁设站的中心片区以勒镇，由于群众抱团不准拆房，他偷偷在晚上，把自己的房子先拆了；干部胡国林，将岳母一家骗上街后，抢时间拆掉了老岳母的房子；干部罗以鑫，在群众家中从第一天下午 3 点坐到第二天早上 8 点，把农户煮猪食的水熬干了 3 锅，感动说服了群众。把工作做深、把政策讲透、把情感投足、把方法用好，有限的时间让我没法讲述太多感人的细节，但6年的采访让我累出了一串数字：单在镇雄高铁站的以勒镇中心片区，乡亲们就搬迁了479座祖坟、513户房屋，让出了2678亩赖以生存的土地。

在这里，请每一位高铁建设工作者和支持高铁建设的群众接受我动情的演讲：你们，是新时代最可爱的人！

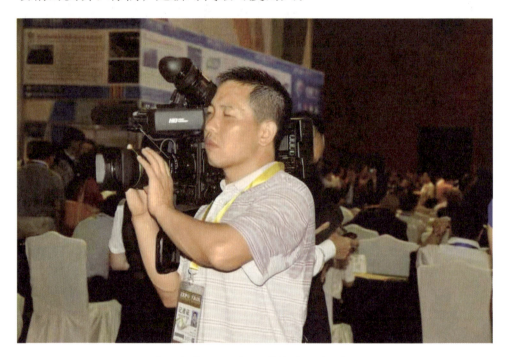

周洪在中国—南亚博览会现场采访

翻山越岭、上天入地，穿云破雾、飞桥钻隧，出洞奔林、过村进站！如今，当镇雄人乘上这条时速250公里的海豚，两个小时就"畅游"到以前8个小时都不能到达的成都时；当每年50万远赴长三角和珠三角打工的镇雄人坐着高铁一天就能回到曾经三天都没法回到的家乡时；当每天在镇雄高铁站上下车的旅客已达到 6000 人时，镇雄人追逐美丽梦想的远方和安放柔软乡愁的故乡之间遥远的距离，已经变成了一张薄薄的高铁票。

海豚飞波卷浪，无数物流、资金流、信息流随高铁涌到大雄古邦——短短三年，超过 20 个省的 3000 户商家到镇雄高铁站所在的以勒镇安家，这个偏僻小镇一跃成为全省特色小镇和全国重点镇，激起了昔日无法想象的繁华；短短三年，无数房地产、电商、物流、珠宝、制造等企业雨后春笋般落户赤水源头，两家上海和天津的全国知名企业，已经筹备在镇雄建立区域性总部。短短三年，破茧蝶变！高铁的开通，真正让镇雄融入和挺进"一带一路"成渝双城经济圈和长江经济带，乌蒙山深处的老区人民，真正享受到国家一系列区域发展战略的红利！

有朋自远方来，不亦乐乎！今天，高铁飞驰，有"豚"自远方来！我的镜头，正自豪而幸福地见证：这海豚载着乌蒙老区通江达海，呼啸出一个全新的时代……

（扫码查看更多内容）

山河有恙，胜利终将属于我们

宋春蓉　西藏自治区拉萨市融媒体中心

引言

　　大家好，我是来自拉萨市融媒体中心的记者宋春蓉。

　　2022年8月7日，一场突如其来的疫情使这座美丽的日光之城按下了暂停键。

　　作为一名记者，我在这座城市看见太多太多的感人瞬间，也看见这座城市由热闹变成安静，又逐渐恢复勃勃生机。

　　"一方有难，八方支援。" 在这场拉萨史无前例的战"疫"中，我亲眼看到这句话的力量。北京、江苏、重庆等兄弟省市援拉医疗队逆行出征，冲在疫情第一线，在生死攸关时"疫"无反顾。

　　疫情第三天，我作为一线记者，走进核酸检测室，看见这里的医护人员连续奋战三天三夜，他们当中有的已经24小时没有合眼了。他们来自祖国各地、来自不同民族，奔赴拉萨与我们并肩奋战。

一个星期后，2022 年 8 月 15 日，我在拉萨方舱医院发回拉萨首批患者出院的报道，这个消息让无数人看到希望。在之后的日子里，我 10 多次走进方舱医院报道患者康复出舱的新闻。这给我们抗击疫情增添了一分力量，也让我们看到了胜利的曙光！

宋春蓉在拉萨疫情期间作为一线记者采访报道

在我的周围，我看见"文弱书生"放下笔，毫不犹豫地奔赴战场，不管是风险小区，还是隔离酒店，与病毒正面交锋的最前沿，都有他们的身影。他们的名字叫志愿者，在这场没有硝烟的战"疫"中，他们既是隐入尘烟的普通人，也是关键时刻挺身而出的无名英雄。

在这个丰收的季节里，我看见什么叫"全民皆兵"，不分你我。青稞田在微风的吹拂下，泛起阵阵金色的波浪。大白们的身影又在田间地头，确保不误农时颗粒归。

宋春蓉主持访谈节目《高原零距离》，采访西藏首支盲人乐队——咔哒嘎布乐队

与病毒较量，和时间赛跑，我看见了，在拉萨市委市政府的安排部署下，拉萨经开区 B 区方舱医院从进场到完工，仅用时 68 小时。

2022 年 8 月 29 日，拉萨市宣布社会面基本清零，我作为一名一线记者，由衷为拉萨 87 万人民加油，为即将迎来的胜利而喝彩！

9 月，我在手机上看到了这样一条朋友圈，阳光明媚，布宫脚下，车水马龙。

是啊，我们都在期待着这一天的到来，因为我们相信雪域高原的纯净辽阔，相信人间的大爱温暖。我们也等待云开疫散，一起迎接古城拉萨的车水马龙，繁花似锦。

（扫码查看更多内容）

地下两千米的新奇迹

惠贝娜　陕西广电融媒体集团

引言

　　大家好，我是惠贝娜，来自陕西广电融媒体集团。

　　在秦岭之下 2000 多米、相当于 600 多层楼高度的神秘世界，有一个被称为"综合难度世界罕见"的施工项目——引汉济渭秦岭输水隧洞。贯通它，就能将水量丰沛的长江最大支流汉江，引到求水若渴的黄河最大支流渭河里去，从根本上打破岭北亿万百姓缺水这一发展之路的瓶颈。面对随时降临的意外，有这样一群人，裹上防弹衣，冒着生命危险前赴后继……

　　生平第一次穿上防弹衣的那天，跑了 10 年民生新闻的我蒙了：怎么去个建设工地，还要防弹？我要去的采访地点，是一处位于秦岭地下的隧洞掘进现场。隧洞外是蓝天白云，一进入洞口，眼前就只剩漆黑阴冷。我先坐大巴，再转乘小火车，最后还要在幽暗中徒步穿行，一个多小时后，终于到了地下 2000 多米的地方。这里到处都是向外翻涌的地下水，高温和高达90%的相对湿度让人就算站着不动都喘不上气。我闷热得正想松松防弹衣的领口，一个叫彭良的小伙子一把拉住我，左手上严重的伤疤格外扎眼，他破着嗓子喊：保命要紧，当心！

砰！岩爆，是在山体深处掘进的过程中，不可预知的突发自然爆炸。崩出的碎石就像"弹片"一样，只要打在人身上，就是一个血窟窿。最频繁时，这样的爆炸每天多达60多次。于是，一个建筑工地就成了炮火连天、随时可能牺牲的战场。岩爆来了，大家拼命跑向安全地带，等爆炸地刚一平静，他们又跑回来接着干。听到这儿，我的热汗瞬间变成了冷汗，赶紧拉紧了这件"保命衣"。

惠贝娜在引汉济渭采访现场

既然这么难，为什么非要冒着生命危险，打通这条隧洞呢？原来，这个被国内外众多专家评价为"综合难度世界罕见"的施工项目——

引汉济渭秦岭输水隧洞，是要将水量丰沛的长江最大支流汉江，引到求水若渴的黄河最大支流渭河里去，从根本上打破岭北亿万百姓缺水这一发展之路上的瓶颈！可为什么不选择从地面绕道，非要从世界十大主要山脉之一秦岭的底部贯穿，去挑战人类历史上首次呢？"因为这是距离最短、投资最省，而且对秦岭地区自然环境影响较小的方式。"彭良说，"我们每天，时刻都要面对意外，弄不好就出不去了，但你必须上。每年引来 15 亿方的水，能养活几千万人口、几百万亩地，责任使命大过天呐！"

除了彭良所在的掘进班，在这里，还有天天泡在热水油渍里，只有眼睛和牙齿还能露出点白色的设备保养班；有负责为高温的掘进机换刀具，而常年一身烫伤的刀具班；有每天在狭小的传动间隙里，一趴就是 10 小时的皮带班……在隧洞里，除了岩爆以外，涌水也是让工人们后背发凉的一种险情。为了抢救即将被涌水淹没的掘进机，杨建明和工友们迎着崩塌的岩石面和像高压水枪一样四面喷涌的地下水，不顾生死跳进汹涌的激流，用血肉之躯作铁柱钢梁，硬生生地用肩膀抬起了设备！

接下来的 75 天里，2000 多人昼夜鏖战，许多人连续 60 多个小时泡在齐脖子深、碎石湍流的泥水中。大家只有一个信念：抢回来，一定要把这条盼了几代人的输水线抢回来！皮肤从红肿泡到溃烂，没人休息，没人离开，甚至没人嘟囔一句"真的，好疼啊"……隧洞保住了，我们赢了。可这，也仅是 700 多次涌水险情中的一次而已。涌水之外，还有 3 条区域性大断裂、4 条次一级断层、33 条一般断层，888 米底板隆起，4088 次大岩爆……难啊，真的太难了，人生最美好的青春时光，他们就这样在地下整整难了 10 年。

中国科学院院士陈祖煜说：所有地质灾害它全占齐了，而且都是非常严重的。无数目光投向中华民族的祖脉秦岭，看新时代的中国人到底能不能把这件堪称"人间奇迹"的民生工程办成！

惠贝娜在引汉济渭采访现场

"通了,通了！"十五载昼夜不息拼搏接力,2022 年 2 月 22 日,终于,长江与黄河在陕西牵手,为新征程上进一步推动黄河流域生态环境改善和高质量发展奠定了坚实基础,为全球超高难度水利工程提供了"中国方案"。

彭良告诉我,这是他第二次落泪。上一次,是在那次岩爆受伤后。正预备手术的他,忽然看到病房门开了,跌跌撞撞进来的,是他惊慌失措的妻子。无声的对视中，彭良，这个疼得死去活来愣没掉一滴泪的大男人，哭了。妻子说："这么大的事，你咋不给家里人说呢？"彭良说："这么大的事，我咋能跟家里说呢！老婆、孩子、父母，我们拼上的不是自己，而是一个家。兄弟们常互相说，万一哪天出事了，往后帮着照看家人。为啥这么拼？你看看，除了咱中国，还有谁能为老百姓吃水用水花这么大力气？再苦，也要让千千万万个家痛痛快快吃水过日子；再难，也不能让咱国家发展复兴被'卡脖子'！"

中国深爱着她的人民，人民深爱着他的祖国——这就是中国精神、中国力量永不干涸的源泉。这地下 2000 米的人间奇迹告诉我，中国人民奋进的脚步永不停歇，向前走，什么险都吓不到我们，什么难都拦不住我们。因为，这，就是中国！

（扫码查看更多内容）

搬出大山，有了稳稳的幸福

常　霞　甘肃省甘南广播电视台

引言

　　大家好，我是甘肃省甘南广播电视台记者常霞。

　　2008年"5·12"地震、2010年"8·8"特大山洪泥石流、2020年"8·17"暴洪泥石流……十多年间，舟曲县居住在灾害隐患点上的群众饱受自然灾害之苦。

　　不再担惊受怕，迁至心安之所。避险搬迁不仅保障了群众的生命财产安全，更是巩固拓展脱贫攻坚成果、筑牢生态安全屏障、加快高质量发展最有效的方式。

　　不管是在抗洪抢险的一线，还是在避险搬迁安置的现场，作为时代记录者的我们，努力用更多温暖的故事为大家讲述涉藏地区的伟大蝶变。

　　舟曲，藏语的意思是"龙江之水"，是甘肃省甘南藏族自治州气候环境最好的县市，被誉为藏乡小江南。但从地质环境上说，却是全国罕见的地震、滑坡、泥石流三大自然灾害高发区和水土流失严重区。

"八山一水一分田、七分石头三分土"是舟曲县的真实写照，全县地质隐患点有上千处，地质灾害面积占全县总面积的一半以上，这些都像是一把高悬的利剑，始终威胁着群众的生命财产安全。

2010年8月7日，特大山洪泥石流灾害给舟曲留下的戕伤至今让人难以忘记。时隔10年，2020年8月17日，连续暴雨再次导致舟曲县部分乡镇发生暴洪泥石流灾害。情况危急，我第一时间跟随救灾队伍赶赴重灾区曲告纳镇，跟进报道灾情和抢险救援进展。

在抢险救灾的15天时间里，我爬过山、蹚过河，更面临过死亡的危险：在做现场报道时，我身后突发山体滑坡，那一刻我们离死亡仅仅几米之遥。

2020年8月17日，常霞第一时间赶赴舟曲县曲告纳镇暴洪现场

我跟随打通"生命线"的第一批救援队伍，进入受灾最严重的莫诺村，虽已料想到这座道路冲毁、通信中断的孤岛一定损失严重，但眼前的景象仍让我十分震惊：85户430名群众的房屋全被巨石和泥浆掩埋，无一幸免。

我们在废墟中见到杨克色老人时，他正弓着腰，半个身子泡在泥浆里，从只能容纳一人进出的墙洞中，把家里能用的物品一件件往出转移。是啊，他的想法很简单：把能用的东西拼尽全力捞出来，房子没了，人总要活下去……在一堆废墟里，我看着他心疼地整理着所剩不多的可用物品，内心五味杂陈，那本是他奋斗了一辈子置办的家业！

这次泥石流灾害同时冲毁了舟曲果耶、博峪等多个乡镇的基础设施和农作物。身在果耶镇的刘金燕，望着即将丰收的农作物顷刻间化为乌有，欲哭无泪。

在甘南，舟曲人的吃苦精神总是被人称道。在这次采访之后，我对他们能吃苦得出这样的结论：人多地少，山大沟深，灾害频发。常年生活在地质灾害带上的人们，面对全境全流域的危险，只能想方设法与自然争地、与自然抗争，因为只有苦干苦拼才能在艰苦的环境中生存下去，但恶劣的自然条件却让他们始终难以逃出年年建、年年毁、年年担惊受怕的恶性循环。

这个看似无法破解的难题，在2021年得到解决。在党和国家的支持下，舟曲县启动了避险搬迁工作，一批批像刘金燕、杨克色世代居住在灾害隐患点上的群众，搬离旧地，喜迁兰州新区。一年时间，10批次1450户5878名群众搬出大山。这不是一组简简单单的数据，这是一代代居住在灾害隐患点上群众的安居夙愿，是一个个家庭梦寐以求的安稳生活。

2022年春节，我再次来到兰州新区，一张张洋溢着幸福的笑脸，成了这次采访留给我最深的回忆。满脸欢喜的刘金燕告诉我，她不仅有了宽敞明亮的新家，而且她的电器铺已经开张运营，虽然面积不大，但冰箱、电视一应俱全，乡亲们也很捧场，装修买家电全部来找她，每月能收入2万多元呢。

常霞深入基层一线采访农牧民群众

此心安处是吾乡，安居乐业才是家。到2022年6月，已经有2000多名舟曲搬迁群众就地、就近务工。采访中，他们说得最多的一句话就是："真好，在家门口就能挣钱，每天能见到孩子，再也不用一到下雨天就担惊受怕，不敢睡觉了。"也有孩子跟我说："学校就在家门口，她再也不用走那么远的山路去上学了。"

如今，搬迁村也有了新名字——新康村。据说这是全村男女老少讨论了半个月，一致举手赞同的名字。移民至新区，奔向康庄路，多么温暖且承载着心安和希望的名字啊！

不管是在抗洪抢险的一线，还是在避险搬迁安置的现场，我看到党和国家对人民的关心关怀，看到干群同心、建设家园的信心和决心。

让群众过上安稳生活，也只是我们涉藏地区脱贫走向幸福，一步跨越千年的缩影。从1953年建州以来，在党的民族政策的光辉照耀下，甘南藏族自治州74万各族儿女，已经摆脱贫困，跨步走向新时代，过上了幸福安稳的生活，而这一切正是因为我们有强大的祖国，也正是因为我们有始终把人民放在心中的中国共产党。

如今，舟曲避险搬迁故事还在继续，甘南和中国的故事还在继续……

（扫码查看更多内容）

日日行　不怕千万里
常常做　不怕千万事

白凤鸣　青海省海北州广播电视台

　　大家好，我是海北州广播电视总台的记者白凤鸣，能在这里和大家分享我的故事，百感交集。

　　作为一名党的新闻工作者，在20年的采访路上，我用脚力走遍了海北草原近200个村庄，用笔力记录着海北大地伟大的变革。我多次深入辽阔农牧区，采访时代楷模、人民公仆尕布龙，优秀共产党员廉福章的先进事迹，跋涉4000多米的高山，辗转数百里的山路，记录普通人奋斗的点点滴滴，还曾深夜守候在电视机前捕捉藏族运动员切阳什姐在奥运赛场上勇夺金牌的辉煌时刻……

　　没有比人更高的山，也没有比脚更长的路。每一次采访都是一段难忘的经历，更是对党性的锤炼。

　　最值得骄傲的是，我连续参与党的十七大、十八大和十九大的相关报道。15 年前，党的十七大开幕当天，我们赶赴青海湖乡采访，拍下牧民群众收看大会开幕盛况的场景。那时候，草原牧民看电视要赶到乡上来。那天，一场鹅毛大雪使道路泥泞湿滑，更揪心的是，电视信号又出了故障。看着从十里八乡顶风冒雪赶来的牧民群众期待又无奈的眼神，我的内心焦急万分。不能让这么重要的采访化为泡影。我和同事在风雪里奔波，与技术人员反复沟通调试，终于恢复了信号。当大会开幕盛况在荧屏上呈现时，牧民群众欢呼起来，向我们竖起了大拇指，采访工作也很顺利。当晚这条新闻报道不仅在《青海新闻联播》及时播出，还上了央视《新闻联播》，把草原儿女心向党的情怀传递到全国。

白凤鸣在青海湖采访报道生态环境治理

　　时光飞逝，10年后的2017年10月18日，党的十九大隆重召开。我和采访团队再次走进青海湖畔的这个乡镇，和牧民们一起共度十九大时光。当天，牧民群众身着节日盛装，举行庄严的升旗仪式，草原儿女用节日典礼庆祝十九大胜利召开，表达对党深深的感恩之情。当习近平总书记在报告中指出人民对美好生活向往作为我们党的最高奋斗目标时，观看开幕盛况的牧民们报以热烈的掌声……时隔10年，我除了惊喜于牧民群众生活条件的巨大改变，更感受到时代前进的足音，尤其是那坚决拥护中国共产党的信心和决心，让我的灵魂再一次得到洗礼和升华。我们党是真正为人民谋幸福的党，是深受各族干部群众拥护爱戴的党。2022年秋季，党的二十大在北京胜利召开，作为党的新闻工作者，我尽最大努力，做好新闻报道。

　　2020年临近春节，刚刚完成全省两会采访任务的我，和丈夫一同奔波数千公里，探望80多岁高龄的公婆和一年没有见面的孩子，可还没有来得及享受团聚的幸福时光，新冠肺炎疫情突袭而来，打乱了我们原有的计划。疫情就是命令，望着老人万般不舍的眼神，我强忍着泪水，硬着心奔赴工作岗位……到岗后我立即投入采访一线，向全州各族群众传递疫情防控、复工复产等信息；丈夫也在岗位上紧急调运防疫物资，不分昼夜地坚守；初长成人的双胞胎儿子积极投身志愿者行列；全家人携手并肩，同心战疫。2020年，我们家被评为"全国抗疫最美家庭"。对此，我们无限荣光。

　　2021年7月，正在采访路上的我突然头晕眼花，失去了平衡，被紧急送进医院。检查发现，我耳朵里长了个肿瘤，被确诊为听神经瘤，必须转院到北京。第一次手术后，还未康复，我就坚持返回岗位，并且完成了多项重点采访任务。2022 年 3 月，我再次到北京接受第二次手术，因病灶在耳道和脑部之间，手术会有完全失去听力的风险。一头长发被无情地剃光，年近半百的我不得不住进被称为最昂贵"酒店"的 ICU 重症监护室。

当经历长达 7 个多小时的手术后醒来时，我从未感觉到生命是如此美好，我竟舍不得再睡会儿。半昏半迷中，我隐约听到医生、护士的说话声和机器设备发出的嘀嘀声，我好激动啊！我竟然能听见声音，我的听力还在！

又经历了数小时的煎熬，我顺利度过危险期。当被推出 ICU 病房，一眼望见日夜守候在病房外的丈夫和儿子时，抑制不住的泪水夺眶而出……这，是幸福的眼泪。感谢生身父母给了我一副好身板，更感恩多年来奔波的记者生涯磨炼出我坚强的意志。

大病初愈，重返岗位的我光荣地当选青海省第十四次党代会代表，为全省的经济发展建言献策。我深知：这不仅是对我 20 年记者生涯的肯定，更是我前行路上的动力。为此，我要更加努力地付出。

青海省第十四次党代会报告中有这样一段鼓舞人心的话，我想作为今天演讲的结束语，和大家共勉：只要我们咬定青山不放松，日日行，不怕千万里，常常做，不怕千万事，就一定能够推动现代化新青海建设不断取得新成就。

白凤鸣在刚察县沙柳河镇果洛藏贡麻村采访牧民生活新变化

作为新时代的新闻工作者，我们不仅是宣传员，更是实干家，为谱写全面建设社会主义现代化国家青海篇章贡献力量。我想，这就是我们新闻人的初心和使命。

各位朋友，由于年龄和身体原因，这可能是我记者生涯中，最后一次和同仁们分享一名基层新闻工作者的故事。

深深地感谢你们的聆听。

（扫码查看更多内容）

奋斗者　正青春

房燕燕　宁夏广播电视台

引言

　　大家好，我是宁夏广播电视台的记者房燕燕。

　　年少时，我曾经被海伦·凯勒的《假如给我三天光明》深深感动，在她那本该黑暗又寂寞的世界里，处处闪耀着执着所创造的奇迹之光。那时的我总会问自己，这些是真的吗？

　　毕业后成为一名电视出镜记者，一天到晚出没在新闻现场，我才发现身边就有很多奇迹发生。

　　2019年，全国"最美大学生"名单揭晓，宁夏盲人女孩黄莺榜上有名。得知这个消息，记者的天性告诉我，我要去关注黄莺，我要把她的故事讲述给更多人听。

　　在去武汉前，我查阅了相关资料得知，黄莺是宁夏首位使用盲文试卷参加普通高考的盲人考生；以高出理科一本分数线85分的成绩被武汉理工大学社会工作专业录取；被评为2019年全国"最美大学生"……

相比这些人尽皆知的事，我更想知道，她是如何战胜自己的生理缺陷，翻越学习中的一道道山梁的？

武汉的跟踪拍摄只有一周时间，要把黄莺这么多年的努力浓缩在几分钟的电视报道里，对我和团队而言并不简单。我们根据她的作息时间、生活学习方式、兴趣爱好，广泛收集老师、同学以及父母对她的评价等。前期的"道听途说"只能获得一些表面信息，我意识到，只有"感同身受"，才能找到我想要的东西。

于是，我在想，如果我是黄莺，我将怎样破解人生中的一道道难题呢？

这一刻，我的耳畔萦绕着《你是我的眼》的旋律，我知道，看不见，是她最大的困难。

深入报道时，我了解到黄莺两岁时，因为一次高烧，她的世界成了黑色。黄妈妈告诉我，小时候她很乖，幼儿园教的古诗，只要听几遍就能完整地背下来，妈妈很庆幸，虽然失去了视力，但记忆力却出奇的好。上小学时，黄莺就学会了弹钢琴，很快她的指尖就倾泻出美妙的音符。黄莺说，每当弹起钢琴，她的脑海里就会浮现出美丽的山和美丽的水，享受着音乐带来的美好瞬间。

我问黄莺："你是怎样用心认识这个世界的呢？"

黄莺说："小时候没觉得'看不见'是多大的问题，但随着自己一天天长大，这个问题也在'长大'。为什么我不能和正常孩子一样去上学？为什么许多事他们可以，我就不行？""除了看不见，我什么都能做！"这是采访中对我触动最大的一句话。

2019 年，为了不断完善稿件内容，房燕燕与黄莺多次交流采访

从不能变成可能，从不行变成优秀，黄莺的学习之路无疑是坎坷而苦涩的。她学会了盲文，字板扎不动就用头顶着，触摸盲文的手指破了、流血了、出茧了，接着继续；别人看一次就懂的题，她要反复学好几遍。经过日复一日、年复一年的努力，2015 年，黄莺顺利通过高考，圆了自己的大学梦。

黄莺告诉我，进入大学之后，新的困难一个接着一个，最难的高数课程几乎把她打垮，看不见老师的板书，没有相应的盲文教材，抽象的图像全凭想象，"听天书"般的上课让她接近崩溃。一堂课下来之后，她至少要请教三个同学才能学懂弄会。

　　我问她想过放弃吗？黄莺说："很庆幸老师和学姐都特别照顾我，每周给我补习三四次，我怎么好意思放弃呢？要学，就得学出个样子。"学期末，黄莺高数成绩达到惊人的 97.2 分，令老师和同学们惊叹不已。

　　作为记者，我能做的是将黄莺的励志故事讲给更多和她一样的年轻人，因为，黄莺活出了自己想要的样子！

　　采访黄莺为我打开了另一扇门，我想做她的眼，让她看到精彩的世界。

　　这些年，我深度接触了残障人士这个媒体关注度并不高的群体，采访过特殊学校的学生、肢体残疾的手艺人……他们每个人的奋斗经历，都堪称奇迹！

　　智力残疾运动员袁一闻，23 岁时在全国第十一届残运会暨第八届特奥会赛场上夺得田径比赛 5 枚金牌，他用闪闪的金牌告诉人们：即使不同，也可以为国争光。

　　高位截瘫的王辉，24 岁时凭着高超的贺兰石雕刻技艺成为一级工艺美术师，他手上厚厚的老茧告诉人们：即使不同，也可以创造美轮美奂的精品。

　　用嘴吹画的肢残者倪岩，17 岁时就以口代手创作出一幅幅精彩画作，许多年过去了，他用西北汉子的坚韧不拔告诉人们：即使不同，也绝不向命运低头！

　　在他们身上，我看到青春的力量，看到平凡中生长的奇迹！

2022 年，房燕燕再次与黄莺见面，此时黄莺即将开启读博之旅

2022 年，是中国共产主义青年团成立 100 周年，习近平总书记在五四青年节深情寄语新时代青年："现在，青春是用来奋斗的；将来，青春是用来回忆的。"过去 10 多年的记者之路，我很庆幸见证了那么多不甘命运的拼搏，记录了他们闪光的足迹！在青年的身上，我读懂了社会担当，我看到开拓创新的时代风采！我是"80 后"记者，我将带着青春的热度、用新闻的视角去记录青春时代的奋斗者。

（扫码查看更多内容）

亮出心中的党徽

伊帕尔·阿卜力米提

新疆维吾尔自治区克孜勒苏柯尔克孜自治州

广播电视台

大家好，我是新疆克孜勒苏柯尔克孜自治州广播电视台的记者伊帕尔·阿卜力米提。

2022年8月5日清晨，北京天安门广场马上要举行庄严的升旗仪式。在人群中，有一位大叔格外显眼。他叫阿布都加帕尔·猛德。

这个名字，您可能很陌生，但他的事迹你一定知晓。他就是亮出党员徽章的新疆大叔。

这个故事发生在2021年，几名游客来到新疆克孜勒苏柯尔克孜自治州阿克陶县木吉乡火山口景区游玩，行驶途中车陷入泥潭。此时，恰巧途经这里的猛德大叔和他的同伴徒手将车辆推出泥淖。感动的游客拿出钱来表示感谢，大叔连忙摆手拒绝，并亮出胸前的党徽。

那一刻，为什么亮党徽？大叔后来告诉我，因为他普通话不流畅，面对几个诚恳塞钱感谢的游客，他不知道如何用语言表达，不知道拿什么证明。于是，他急了，敞开衣服，指着心脏的部位，告诉大家：我是一名党员。

游客看到老牧民亮出党徽的那一刻，破防了！而此时此刻大叔的表情，因为这个身份多么自豪、多么骄傲。

这段视频，也被亿万网友称作"一堂生动的党课"。

随着短视频瞬间传遍全网，大叔的身份日渐清晰：他是我们克州阿克陶县木吉乡木吉村的一名义务巡护员，也是一名有着 25 年党龄的老党员。我也赶到木吉村寻找这位"亮出党员徽章大叔"。

不知道自己"火了"的大叔，面对一排镜头一脸茫然地推辞我们采访。他说："我就想 56 个民族是一家人，所以我不能收这个钱，我就把党员徽章亮了出来。"

在大叔看来，他只是做了一件微不足道的小事。我能理解大叔的话，因为我们每一个新疆人对这片土地爱得深沉，这就是我们守护祖国边境的人刻在骨子里的信仰。

随着采访的深入，他做过的一件件小事也渐渐铺展开来。

2009 年，大叔当了护边员，每天靠步行、骑马、骑摩托巡护。巡边路终年积雪不化、地势复杂、高寒缺氧，大叔坚持 12 年多，每天 40 多公里行程，风雨无阻。帕米尔高原的紫外线非常强烈，长期巡边使大叔皮肤黝黑粗糙；由于常年在高寒缺氧的环境下工作，大叔还落下心脏疾病和风湿病。

坐在大叔家里，聊起这些事，他憨厚地笑了。他说：入党宣誓时，就给自己定了一个目标——每天都要做好事，不管大小。

就这样，他每天去村里、去景区转转，看看有没有需要帮助的村民和游客，有没有误入景区吃草的牛羊，一路上顺手捡起游客们丢弃的垃圾。平日里听见外面车辆经过的声音，他估算着时间，如果超过正常游览时间还不见车辆返回，他就会找人一起去看看，是不是游客遇到困难。

伊帕尔·阿卜力米提采访"党徽大叔"阿布都加帕尔·猛德

这次采访给我的触动很大。我时常思考，共产党员到底意味着什么？大叔的话点亮了我，他说："在新华门有一行大字，我看得非常清楚，那就是为人民服务。"

正是共产党员全心全意为人民服务的信念，让他不断地做好事。这种品质就像帕米尔高原一样纯洁无瑕，像慕士塔格一样俊秀美丽。

大叔没有什么豪言壮语，但他的行动让信仰变得具体和可感可知，更加打动人心。他不经意的一个举动胜过千言万语，我们瞬间看懂了所有他想说的话，看到了忠诚和信仰的力量。

伊帕尔·阿卜力米提在新疆克州乌恰县和总台连线采访"人民楷模"国家荣誉称号获得者布茹玛汗·毛勒朵

《九千万个我》响彻祖国大地，我们党员的数量已经超过9600多万。我们9600多万名党员，是不是也应该在他人遇到困难的时候，在那些需要我们站出来的时候，亮出我们心中的党徽呢？这也是我今年加入中国共产党时的体会！

让我们大家亮出自己心中的党徽！因为我是一名党员，我、我们要永远冲锋在前！

2022年国庆节，我又和大叔相遇。一大早，大叔就把一面鲜艳的五星红旗挂在村里最高的地方！

（扫码查看更多内容）

石榴红了

黄 倩

新疆生产建设兵团第十师北屯市融媒体中心

引言

　　大家好，我是来自新疆生产建设兵团第十师北屯市融媒体中心的一名基层新闻工作者。

　　几十年来，兵团军垦人用青春和血汗守护新疆的繁荣与发展。今天，我要跟大家分享的就是兵团三代军垦人扎根西北边陲、与各族群众团结与共、亲如一家的感人故事。

　　从小就听长辈们这样说："额尔齐斯河畔的牛羊有多少，马殿英为牧民做的好事就有多少。"

　　我怀着崇敬之情采访了这位老人，他虽已 86 岁高龄，但还念念不忘他的救命恩人。

　　1961 年冬天，警卫连的马殿英在执行任务途中遇到狼群，生死关头，哈萨克族牧民救了他。等到来年春天他再去寻找那一家人的时候，牧民转场早已不知去向。四处打探无果的马殿英便把所有牧民当成恩人来报答。

几十年来，马殿英始终穿着那身黄军装，骑着自行车，走遍额尔齐斯河畔牧区。谁家困难缺衣物，谁家孩子要入学，谁家牛羊缺饲草，他都一一放在心上，微薄的工资几乎月月光。

采访对象加娜说，马殿英就是她们的亲"阿克"。"阿克"在哈萨克语中是"父亲"的意思。哥哥上大学的费用全由"阿克"资助，弟弟患白血病是"阿克"买药救命，"阿克"花钱配药治好了牧区 100 多个孩子的斑秃病。

春季，额尔齐斯河涨水，交通常被阻断，马殿英带领大伙建起了额尔齐斯河上第一座简易木桥，也架起兵地各族群众的连心桥。

冬季，牧区最低气温可达零下 40 多摄氏度。马殿英便利用休息天挨家挨户打火墙、砌炉子，这一打就是 30 多年，打了 3000 多套，牧民们热在身上、暖在心里。

偏远牧点没通电，马殿英就自己掏钱架起"光明线"，买来第一台电视机，接通第一部电话，把党的声音传到"最远一家人"……

马殿英曾先后被国家民委、国务院授予"全国民族团结进步模范"荣誉称号，被喻为哈萨克牧民的贴心人。

兵团第十师一八一团六连护边员胡拥军是一位强壮的哈萨克族汉子。在采访中我好奇地问他，为什么父母要给他取个汉族名字？他给我讲了个故事。

黄倩与十师交警共同开展"一盔一带，安全常在"直播活动

早在 1952 年，穷苦的父亲胡达拜尔干被解放军从地主家解救出来，作为向导引领起义部队"挺进阿山"。胡拥军说："'拥军'，就是拥护解放军的意思，'拥军'二字以前是父母对我的希望，现在则是我人生的信条。"

1988 年，初中毕业的胡拥军接过父亲手中的马鞭，到人迹罕至的别克多克牧场放牧，成为中蒙边境 3 号界碑一名光荣的护边员，与 30 多户各族牧民，守护着 52 公里边境线。

巡边的道路崎岖险峻，常常有棕熊和狼出没。在一次巡边途中，天气骤变，下起了大雪，胡拥军被困在深山里。直到 20 天后才被搜救到，而此时的他，早已断粮了好几天。

巡边 34 年来，胡拥军共计赶返临界牲畜 4000 余头，拦阻临界人员 20 多人，制止违法采挖药材、猎杀野生动物等百余人。2021 年，胡拥军被授予"第八届全国道德模范"荣誉，受到习近平总书记的亲切接见。

2019 年，我随采访组来到和田地区于田县新"达里雅布依村"，见到第十师北屯市派驻的第一书记赵刚，他正组织村民整体搬迁。

原达里雅布依村是我国最大的原始村落，位于世界第二大流动沙漠塔克拉玛干沙漠腹地，生存环境极其恶劣。为了带领"故土难离"的世居村民走出沙漠建设新家园，赵刚带着村干部连续几个月住在临时帐篷里没日没夜地干，通过产业扶贫、劳务输出、促进就业等措施，带动村民增收致富，建设美丽乡村，村民的生活发生了翻天覆地的变化，不仅住上了漂亮房子，水电暖路网等老大难问题也一一得到解决，村委会就业培训、文化活动火热开展，达里雅布依村正快速融入现代文明生活并焕发出新的生机和活力。

黄倩在广播直播间直播音乐节目《音乐随心听》

习近平总书记两次视察新疆及兵团时都强调，新疆各族群众要始终牢固树立"兵地一盘棋""民族团结一家亲"的思想，不断铸牢中华民族共同体意识，像石榴籽一样紧紧抱在一起。

作为新时期的兵团新闻工作者，我们将牢记总书记的嘱托，不断提升脚力、眼力、脑力、笔力，进一步宣传好马殿英、胡拥军、赵刚，以及三次受到习近平总书记接见的马军武等众多平凡而执着的兵团人，大力弘扬兵团精神和老兵精神、胡杨精神，赓续红色血脉，讲好兵团各族群众维稳戍边、团结奋进的故事，让党的二十大精神在兵团大地落地生根、开花结果！

（扫码查看更多内容）